得点おまかせ vol.**1**

河合塾講師 **石川晶康**＝著

誤字で泣かない日本史

日本史漢字練習帳
―改訂版―

河合出版

はじめに

あー，あの漢字さえ書けていれば……

漢字はムツカシイ。人のことは言えません。私も，いまだに黒板に誤字を書いては生徒に指摘されます。漢字が正確に書けないと，知識が得点に結びつかない。学力イコール得点というわけにはいかないところがツライ。

漢字練習は得点に直結

そこで，知識，学力を得点に直結させる教材として，日本史用語の書き取り練習帳を作りました。幸い，多くの受験生に使ってもらえましたので，今回，若干の修正などを行い，改訂版を発行することとなりました。実際の入試で書かされた日本史用語のうち，頻度の高いものを優先してあります（巻末のさくいんを参照してください）。

この練習帳は，漢字を練習しながら，入試で書かされる可能性の高いことがらを絶対に得点に結びつけられるようになっています。単に○×をつけるのではなく，予備校の授業で漢字について注意しているところをそのまま解説としてつけてあります。一発で書けたものはOKです。迷ったり，間違ったりしたものは必ず，もう一度，二度書いてみること。そうすれば日本史の総復習にもなります。

書いてみることこそ復習の基本

書くことで覚えるというのも勉強法の一つです。絶対に途中で投げ出さないこと。がんばってください。

●●● 本書の使い方 ●●●

① 別冊の解答用紙を使って，1回ごとに取り組んでください。できれば第1回から順番にやること。
② 解答を見て答え合わせをしましょう。その時に，1字，1字ていねいにチェックすること。
③ 解説を読んでください。その注意点を次回以降に活かしていきましょう。難しい字・まぎらわしい字などはなぞってみましょう。

目次

第1回	旧石器文化〜弥生文化	6
第2回	小国の分立〜古墳文化	10
第3回	律令国家の形成〜白鳳文化	14
第4回	律令法と統治機構	18
第5回	奈良時代の政治〜平安初期の文化	22
第6回	社会の変化〜国風文化	26
第7回	院政と武士の台頭	30
第8回	鎌倉時代	34
第9回	鎌倉文化	38
第10回	室町幕府の成立	42
第11回	室町幕府の衰退〜室町の経済	46
第12回	室町文化〜戦国大名の登場	50
第13回	織豊政権〜江戸幕府の成立	54
第14回	江戸初期の外交〜寛永期の文化	58
第15回	幕政の安定	62
第16回	元禄文化・享保改革	66
第17回	田沼期〜大御所時代	70
第18回	化政文化	74
第19回	開国〜幕府の滅亡	78
第20回	戊辰戦争〜地租改正	82
第21回	文明開化〜自由民権運動	86
第22回	松方財政〜条約改正	90
第23回	朝鮮問題〜日露戦後の国際関係	94
第24回	産業革命〜明治の文化	98
第25回	大正政変〜政党内閣の成立	102
第26回	恐慌の時代	106
第27回	大衆文化〜軍部の台頭	110
第28回	二・二六事件〜太平洋戦争	114

第29回	占領下の政治	118
第30回	冷戦の開始と日本の復興	122
さくいん		126

第1回　旧石器文化～弥生文化

［　1こうしんせい　］の文化が初めて確認されたのは群馬県［　2いわじゅくいせき　］で，関東ローム層から［　3だいせいせっき　］が出土した。

化石人骨の代表的なものとしては，新人ではあるが，ほぼ完全な形で発見された沖縄県の［　4みなとがわ　］人や山下町洞人があげられる。

近代的な考古学の研究は，アメリカ人モースによる［　5おおもりかいづか　］の発見を契機とする。

［　6かんしんせい　］に移って地球は温暖化し，日本列島が形成された。縄文文化が発達し，土器の使用，［　7ませいせっき　］の使用が始まった。

縄文時代の住居は［　8たてあなじゅうきょ　］と呼ばれ，地面を少し掘りくぼめ，上に屋根をかけ，中央には煮炊きなどのための［　9ろ　］が設けられている。また広い範囲との交易を示すものとしては，［　10こくようせき　］や［　11こうぎょく　］（ひすい）が注目される。

縄文時代の人々の信仰を示すものとしては［　12どぐう　］が有名であるが，他に［　13ばっし　］などの風習も注目されている。

弥生土器は，機能の区別によって煮炊き用の［　14かめ　］，貯蔵用の［　15つぼ　］，盛りつけなどのための［　16たかつき　］，さらには米などを蒸すための［　17こしき　］などに区分される。

北海道・沖縄を含む南西諸島には水稲耕作は伝播せず，北海道では［　18ぞくじょうもん　］文化，南西諸島では［　19かいづかぶんか　］と呼ばれる独特の文化が発展していった。

水稲耕作にかかわる石器として広く認められるのが〔20 いしぼうちょう〕で、これは稲の〔21 ほくびがり〕のための石器と考えられている。

弥生時代は地域性の強い社会で、墓制においても九州北部には大形の〔22 かめかん〕墓、関東から近畿にかけては〔23 ほうけいしゅうこうぼ〕、さらに後期には瀬戸内海沿岸などに大規模な〔24 ふんきゅうぼ〕などが出現した。

青銅器の分布には地域性が認められ、〔25 どうたく〕を中心とする近畿地方、平形銅剣の分布地としての瀬戸内海中部、〔26 どうほこ〕・〔27 どうか〕の九州北部など、その差異が指摘されてきたが、近年、島根県の〔28 こうじんだにいせき〕では大量の銅剣が出土し、注目された。

弥生時代には防御的、軍事的性格の強い〔29 かんごうしゅうらく〕が多く営まれた。最大の〔30 よしのがりいせき〕をはじめとして各地から発見が報告され続けている。また〔31 こうちせいしゅうらく〕とよばれる小高い丘や山の上に営まれた集落も注目され、香川県の〔32 しうでやまいせき〕などがその代表として知られている。

どぐう

はにわ

解答

1	更新世	2	岩宿遺跡	3	打製石器	4	港川
5	大森貝塚	6	完新世	7	磨製石器	8	竪穴住居
9	炉	10	黒曜石	11	硬玉	12	土偶
13	抜歯	14	甕	15	壺	16	高杯
17	甑	18	続縄文文化	19	貝塚文化	20	石包丁
21	穂首刈り	22	甕棺墓	23	方形周溝墓	24	墳丘墓
25	銅鐸	26	銅矛	27	銅戈	28	荒神谷遺跡
29	環濠集落	30	吉野ヶ里遺跡	31	高地性集落	32	紫雲出山遺跡

第1回目をやってみてどうでしたか。

　まず解答例の文字を正確に見てからでないと何の意味もありませんよ。もちろんそれでも見過ごすことがあるので，さあ具体的にチェックしていきましょう。

　更新世，岩宿遺跡，打製石器。大丈夫ですね。打製の「製」，いいですね。下にちゃんと「衣」をつける。

　化石人骨をどこまで暗記するかは悩むところですね。旧石器文化として宮城県の上高森遺跡が50〜60万年前で原人として注目されていましたが，発掘の責任者が自分の手で旧石器を埋めたことがわかり，研究は根本的に見直されることになってしまいました。

　更新世から完新世。このあたりはいいと思いますが，竪穴住居，まちがって「堅穴」と書いている人いませんね。そんなところで寝たら体が痛くなっちゃう。下は「立つ」ですよ。炉。竪穴住居の真ん中には炉という火をたく施設があります。これは盲点になるので，答えを見たら何でもないし，もちろん知っている。が，ど忘れするというやつですから，こういうものは意識して漢字で書いておくと大丈夫です。書き取り練習の効果はそういうところにあるということを確信してください。硬玉。硬い。もちろん反対は「軟」です。硬玉を「軟玉」と書く人はいないと思いますが，これはひすいのことで，きわめて広い範囲に分布していることで有名です。

竪穴　堅穴[×]　硬玉　軟玉[×]

　弥生土器の機能による区別。これは私もなるべく黒板に書かないようにしています(笑)が，さあ一緒に書いてみましょう。甕，壺，高杯は漢字としては易しいですが，「杯」という字はきへんでもつちへんでもかまわないと思います。下に穴があいている甑。これは蒸気を入れて蒸すようになっているものですね。これ

も一緒に書いておきましょう。

　続縄文文化および貝塚文化。これはもう基本的な知識です。

　石包丁の「包」。包むという字は当用漢字ですので，下から上にくっつけないように。穂首刈りは大丈夫ですね。

　銅鐸の「鐸」のつくりは「沢」という字と一緒なのですが，これは当用漢字ではありませんので，難しい「澤」の方です。くれぐれも注意してください。銅戈の「戈」。点を打たないと寂しいですね。点を忘れないように。

　吉野ヶ里遺跡は書けたと思いますが，もちろん入試では頻出です。むしろ「佐賀県」を書かされることがあるかもしれないので，そこのところも注意しておいてください。

　高地性集落。これは教科書のコラムなどに載っている紫雲出山遺跡が代表的で，できなくてもショックを受けない。今覚えておけばOKです。

第2回　小国の分立～古墳文化

『漢書』によれば，紀元57年，倭の奴国の使者は[1 こうぶてい]から印綬を授けられた。江戸時代に発見された金印はこの時のものとされるが，その印文には「[2 かんのわのなのこくおう]」と記されていた。

『魏志』倭人伝によれば，239年には[3 やまたいこく]の女王[4 ひみこ]が魏に使いをおくり，「[5 しんぎわおう]」の称号を得たと記されている。

大和政権の構成の基本は，[6 しせいせいど]とよばれるが，大王は私有地である[7 みやけ]を各地に設け，また名代・子代の民を支配した。一方有力豪族は，私有地である[8 たどころ]，私有民である[9 かきべ]を領有していた。

5世紀の雄略天皇に関する金石文として，埼玉県[10 いなりやまこふん]の鉄剣銘および熊本県[11 えたふなやまこふん]出土の鉄刀銘にはいずれも「ワカタケル」の文字が認められた。ワカタケルは雄略天皇をさすと考えられている。

[12 ぜんぽうこうえんふん]は，[13 たてあなしきせきしつ]をともなう巨大な墳丘墓であるが，出現期最大のものとして，奈良県の[14 はしはかこふん]が注目されている。

墳丘の表面には[15 ふきいし]が並べられ，また[16 はにわ]が立て並べられていることが注目されている。

後期古墳の時期には，小規模の墳墓が一定地域に集中する[17 ぐんしゅうふん]が注目されるが，多くは円墳で，埋葬施設は[18 よこあなしきせきしつ]となっているのが一般的である。

古墳時代の土器は，弥生土器の系譜を引く［19 はじき］に加えて，朝鮮半島から伝えられた［20 すえき］の使用も始まった。

4世紀は中国周辺で国家形成が進むが，［21 こうくり］が領土を拡大し，［22 らくろうぐん］を吸収した。また朝鮮半島南部においては馬韓諸国の中から［23 くだら］が，辰韓の中から［24 しらぎ］が興った。この間，朝鮮半島の鉄および技術を導入した大和政権の支配がほぼ達成されたと考えられている。その大和政権の朝鮮半島での軍事行動を示す史料として［25 こうたいおうひぶん］は貴重なものである。

［26 そうじょ］『　』の倭国伝には［27 さん］・［ちん］・［せい］・［こう］・［ぶ］と呼ばれる，倭の五王の遣使の記事が記されている。

6世紀に入り，［23 くだら］の［28 せいめいおう］から［29 きんめい］天皇のもとに仏教が伝えられた。その仏教公伝については，『［30 にほんしょき］』の示す552年および『上宮聖徳法王帝説』・『元興寺縁起』などの示す538年の2説があり，後者が有力と考えられている。

「ひみこ」って書ける？

解答

1　光武帝　　2　漢委奴国王　　3　邪馬台国　　4　卑弥呼
5　親魏倭王　　6　氏姓制度　　7　屯倉　　8　田荘
9　部曲　　10　稲荷山古墳　　11　江田船山古墳　　12　前方後円墳
13　竪穴式石室　　14　箸墓古墳　　15　葺石　　16　埴輪
17　群集墳　　18　横穴式石室　　19　土師器　　20　須恵器
21　高句麗　　22　楽浪郡　　23　百済　　24　新羅
25　好太王碑文　　26　宋書　　27　讃・珍・済・興・武
28　聖明王　　29　欽明　　30　日本書紀

　第2回からいよいよ中国の史書が出てきますね。
　さあ，定番です。予備校の先生が必ず大きな声を出すところ。漢委奴国王の「委」には〈にんべん〉をつけない。委員の「委」ですよ。5の親魏倭王の「倭」はちゃんと〈にんべん〉がいりますよ。
　卑弥呼，邪馬台国。書けますよね。
　氏姓制度，稲荷山，江田船山。このあたりはOKでしょう。
　前方後円墳で，入試で差のつくものとして最もよく出るのが箸墓古墳です。一説によれば卑弥呼，あるいは壹与の墓ではないかと言われているものですね。伝説によって有名な墓です。「箸」という字をよく見てください。「者」ではなくて「者」です。点がなくても○になることもあるでしょうが，せっかくですから正しく書きましょう。
　古墳の表面には石が並べられています。葺石。知らなかった人がいるかもしれませんが，今覚えましょう。そして誰でも知っている埴輪。植木の「植」になっていないでしょうね。さらに「輪」は車輪の「輪」で，輸出の「輸」になっていないでしょうね。この「輪」と「輸」の違いはこれから何度も出てきますから，常に〈くるまへん〉の時には緊張して漢字を正確に書くように。最悪なのは「植輪」。もうメチャメチャです。
　同様に群集墳の「群」。これ，まちがえる人はいないでしょうが，国・郡・里の「郡」と「群れ」の方の「群」，この区別も今後たくさん出てきますので，必ず意識して書き分けるようにしましょう。
　実際の入試で頻度を調べていくと，きわめてよく書かされるのが高句麗です。ここは絶対に落としてはいけないところです。できれば10回ぐらい書いて練習し

ておきましょう。百済，新羅。OKですね。好太王碑文もいいですね。

讃・珍・済・興・武は単純暗記です。『日本書紀』の「紀」，これは〈いとへん〉です。〈ごんべん〉で書くのは『古事記』の方ですからね。紀伝体，紀伝道（文章道）など「紀」は頻出の漢字ですから，これも常に意識すること。

| 日 | 本 | 書 | 紀 | 日 | 本 | 書 | 記✗ |

28・29は仏教公伝で必ず問われるものです。特に欽明天皇の「欽」の字は忘れてしまうことも多いので気をつけてください。「大日本帝国憲法は欽定憲法として公布された」という時の「欽」ですね。

絶対に落とせない文字は，できてもできなくてももう一度書いておいてください。

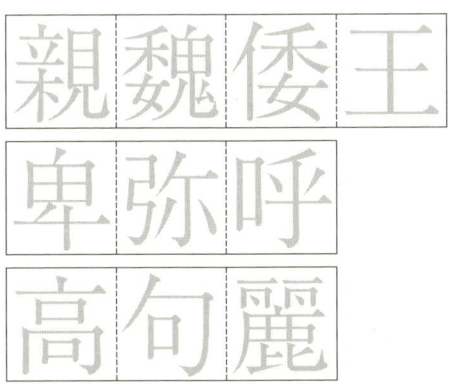

そして，穴になりそうな字もこの際もう一度。

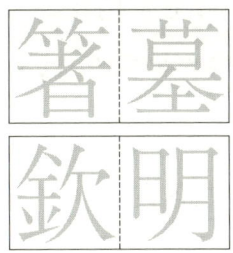

第3回　律令国家の形成〜白鳳文化

527年筑紫国造 [いわい] の乱が起こる。その [いわい] の墓とされるのが，福島県八女市の [いわとやまこふん] である。

仏教が伝わり，これを受容した蘇我氏が台頭する。蘇我氏は [みつのくら] を管理し，[そがのうまこ] の時に [もののべのもりや] を滅ぼし政権を確立した。その [うまこ] の墓という伝説があるのが [いしぶたいこふん] である。

589年 [ずい] が中国を統一すると，600年，続いて607年には小野妹子が [けんずいし] として派遣され，対等の姿勢を示す国書を提出した。[ようだい] は答礼使として [はいせいせい] を日本に送った。

小野妹子は608年再び [ずい] へ渡ったが，この時に [たかむこのげんり(くろまろ)] ・南淵請安・僧 [みん] などが留学生・学問僧として加わっている。

[すいこ] 天皇のもとで聖徳太子と [そがのうまこ] が協力し，国政改革を進めた。603年の [かんいじゅうにかい] ，翌年の [けんぽうじゅうしちじょう] などは，豪族を官僚化していくための第一歩であった。

飛鳥文化の文化財を代表する仏像としては，[くらつくりのとり]（[とりぶっし]）の作とされる [ほうりゅうじ] 金堂の釈迦三尊像があげられる。

聖徳太子は [さんぎょうのぎしょ] ，すなわち [ほけきょう] ・勝鬘経・維摩経の3つの経典の注釈書を著したとされる。

[　7ずい　]にかわって唐が興ると，630年には最初の遣唐使として[　21いぬかみのみ たすき　]が派遣された。

645年，[　22いっしのへん　]が起こり，新政府が発足した。翌646年には改新の詔が発せられ，公地公民制，中央集権的な体制への移行，戸籍・[　23けいちょう　]を作って[　24はん　][　でんしゅうじゅのほう　]を施行し，新税制に移行することが宣言された。

唐・[　25しらぎ　]の連合軍によって660年[　26くだら　]が滅ぶと，日本はその再建のため軍隊を送ったが，[　27はくそんこう（はくすきのえ）　]の戦いに敗れた。その後[　25しらぎ　]は唐と連合して[　28こうくり　]を滅ぼした。

663年の敗戦後，日本は[　29だざいふ　]の北に[　30みずき　]を築き，あるいは[　31ちょうせんしき　][　やまじろ　]を築くなどして防衛体制を整えていったが，天智天皇が亡くなると，その弟[　32おおあまのおうじ　]と[　33おおとものみこ　]の対立から[　34じんしんのらん　]が起こり，勝利した[　32おおあまのおうじ　]が天武天皇として[　35あすかきよみはら　]宮で即位した。

[　36じとう　]天皇は[　35あすかきよみはら　]令の施行，藤原京への遷都など天武の事業を引き継いでこれを完成に近づけた。

白鳳文化を代表する絵画として[　37たかまつづかこふん　]の壁画，建築・仏像では[　38やくしじ　]の東塔や[　39やくしさんぞんぞう　]があげられる。

解答

1　磐井　　2　岩戸山古墳　　3　三蔵　　4　蘇我馬子
5　物部守屋　　6　石舞台古墳　　7　隋　　8　遣隋使
9　煬帝　　10　裴世清　　11　高向玄理　　12　旻
13　推古　　14　冠位十二階　　15　憲法十七条　　16　鞍作鳥
17　止利仏師　　18　法隆寺　　19　三経義疏　　20　法華経
21　犬上御田鍬　　22　乙巳の変　　23　計帳　　24　班田収授法
25　新羅　　26　百済　　27　白村江　　28　高句麗
29　大宰府　　30　水城　　31　朝鮮式山城　　32　大海人皇子
33　大友皇子　　34　壬申の乱　　35　飛鳥浄御原　　36　持統
37　高松塚古墳　　38　薬師寺　　39　薬師三尊像

　磐井の乱の「磐」。下が「皿」にならないように。下は「石」です。岩戸山古墳は磐井の墓として入試頻出の古墳ですね。

　蘇我氏の支配したのが三蔵。「くら」という字にはこの「蔵」と屯倉の「倉」と2通りありますから，正確に覚えておきましょう。蘇我馬子の墓という伝説があるのが石舞台古墳。奈良県です。大丈夫ですね。物部守屋とかこのあたりは聞き慣れない人名ですから，かえって覚えると忘れないものです。

　さて隋。この字は書けると思いますけれども，念のため一度正確に書いておいてください。607年小野妹子の遣隋使。誰でもできますが，この「遣」を時々考古学の遺跡の「遺」とまちがえる人がいます。パッと見ると似ていますから注意しましょう。隋の煬帝の「煬」は太陽の「陽」ではなくて，〈ひへん〉だというのは皆さんよく知っているとおりです。

　隋・唐を見て帰ってきた高向玄理。もちろん大化改新の国博士です。これも漢字からなかなか読みにくいものですから，読みと漢字の両方を正確に。さらに旻。この字はふだん使わない字ですから，日にちの「日」に下に「文」，いいですね。

　推古朝といえば何と言っても冠位十二階と憲法十七条です。念のためにこれも「冠」を倭寇の「寇」などとまちがえないように。

法隆寺。飛鳥文化の宝庫ですが，文化財のいわゆる作品名というのはめったに書かされません。金堂釈迦三尊像くらいは書けた方がいいと思いますが。まず書かされるのが鞍作鳥（止利仏師）ということになるでしょう。

難しい大学だと，聖徳太子が著したといわれている三経義疏を問われることがありますけれど，この「疏」という字，ふだん使い慣れませんから必ず一度書いておきましょう。超難関大で，この三経義疏3つをそのまま書けというのが出たことがあります。法華経・勝鬘経・維摩経，超難関大をめざす人は勝鬘経の「鬘」という字を練習しておいてください。

犬上御田鍬。こちらは「鍬」を「くわ」ではなく「すき」と読みます。

蘇我氏の本家を滅亡に追い込んだのが乙巳の変です。大化改新の最初のクーデター。「巳」はちゃんと上にくっつけましょう。

白村江の戦い。これを「はくすきのえ」と読んでももちろんOKです。百済，新羅は大丈夫ですね。きわめてよく書かされる高句麗。前回書いてみたから大丈夫でしょうネ。

続いて大宰府。これは予備校定番ですね。「大」に点を打たない。「太宰府」は×。水城は読み方に注意。そして次，ちょっと注意しましょう。大海人皇子（おうじ）と大友皇子（みこ）。必ずしもこれだという読み方はありませんが，「皇」は天皇の「皇」ですよ。王様の「王」を書いてはいけませんよ。飛鳥浄御原の「浄」は清浄の「浄」で，〈さんずい〉に「争」です。

第4回　律令法と統治機構

律の五刑とは□(1 ち)・□(じょう)・□(ず)・□(る)・□(し)の5段階の刑罰をさす。

701年□(2 たいほうりつりょう)が完成し律と令が揃ったが、718年には□(3 ふじわらのふひと)らによって□(4 ようろうりつりょう)が編纂された。しかしその施行は約40年後の757年である。

律令制では地方は国で構成され、そのもとに郡、さらに里が所属し、おのおの□(5 こくし)・□(6 ぐんじ)・□(7 さとおさ)がこれを統治した。

律令の官僚制度はいわゆる□(8 かみ)・□(9 すけ)・□(10 じょう)・□(11 さかん)の四等官制が原則であった。

律令の官僚は位階をもつことが原則で、30段階の位階に分かれていたが、このうち五位以上の貴族の子、あるいは三位以上の子・孫には□(12 おんい)の特典が与えられた。

律令国家は6年ごとに戸籍を作り、6歳以上の男女に一定の□(13 くぶんでん)を与え、毎年□(14 けいちょう)を作成して租税を取った。

農民は□(15 そ)・□(16 ちょう)・□(17 よう)・□(18 ぞうよう)などの重い負担を課せられ、さらに運脚、あるいは□(19 すいこ)などの負担も強いられた。

成年男子は兵士として□(20 ぐんだん)での訓練を受けることとされ、さらに□(21 えじ)、あるいは□(22 さきもり)とされるものもあった。

律令の身分制ではいわゆる｢23ごしきせん｣の｢　｣が規定され，また，朝廷の官司（役所）などに隷属する｢24しなべ｣・｢25ざっこ｣という身分が残った。しかし｢26ぬひ｣の制度そのものは10世紀に廃止された。

遣唐使の航路は危険なもので，中には｢27あべのなかまろ｣や｢28ふじわらのきよかわ｣のように帰国できず客死した者も多い。

律令制度のもとでの七道と呼ばれる官道には｢29うまや｣が設けられ，｢30えきせい｣と呼ばれる交通制度が敷かれた。

708年，｢31わどうかいちん｣が発行されたが，｢32ちくせんじょいれい｣などでその流通を図ったにもかかわらず，その使用は定着しなかった。以後958年の｢33けんげんたいほう｣まで律令政府は12種類の銅銭，いわゆる｢34こうちょうじゅうにせん｣を発行した。

8世紀には国域の拡大が目指され，｢35ぬたり｣柵・｢36いわふね｣柵が設けられたり，712年には出羽国が，翌年には｢37おおすみのくに｣が置かれたりした。

けんとうし

解答

1 笞・杖・徒・流・死 2 大宝律令 3 藤原不比等
4 養老律令 5 国司 6 郡司 7 里長
8 長官 9 次官 10 判官 11 主典
12 蔭位 13 口分田 14 計帳 15 租
16 調 17 庸 18 雑徭 19 出挙
20 軍団 21 衛士 22 防人 23 五色の賤
24 品部 25 雑戸 26 奴婢 27 阿倍仲麻呂
28 藤原清河 29 駅家 30 駅制 31 和同開珎
32 蓄銭叙位令 33 乾元大宝 34 皇朝十二銭
35 淳足 36 磐舟 37 大隅国

笞・杖・徒・流・死の「笞」は，〈くさかんむり〉になると「こけ」になります。「むち」です。上は「竹」です。

律令の地方行政単位は国・郡・里ですね。**国司・郡司・里長**。里長は「りちょう」でも「さとおさ」でもけっこうです。「郡」は「群」にならないように。

律令の四等官制。これは律令官僚制度の基本ですが，一般的に各役所のトップには**長官・次官・判官・主典**が置かれます。日本語読みで「かみ」「すけ」「じょう」「さかん」ですが，音で覚えておくのが便利でしょう。

やはり律令官僚制度の超頻出。書かされる文字，これが**蔭位**です。山陰地方の「陰」にならないように。〈くさかんむり〉をつけてください。

租・調・庸・雑徭といった律令税制も頻出のテーマですが，雑徭の「徭」は〈ぎょうにんべん〉です。〈しんにゅう〉にすると遙任国司の「遙」になってしまいます。**出挙**はむしろ読み方に注意しなければいけないものですね。公に行うのうが公出挙，民間で一般的にやると私出挙です。

軍団，防人，衛士。この辺は大丈夫ですね。まさか**衛士**の「士」，「土」になっていないでしょうね。下の棒をちゃんと短く。正確に書きましょう。

続いて**五色の賤**です。「賤」は当用漢字でないので，つくりの方がちょっとややこしいですから，一緒に書いてみてください。参考書などで当用漢字の「浅」

のつくりでごまかしているものが時々見受けられますので，正確に覚えてください。奴婢の「婢」。これは卑弥呼の「卑」に「女」をつければいいわけですから。稗田阿礼の「稗」とまちがえないこと。

賤 賎　奴婢 奴稗

　そしてまた予備校の先生が声を大きくするところですね。阿倍仲麻呂。ついでに阿倍内麻呂，阿倍比羅夫。阿倍の「倍」は部屋の「部」ではありません。〈にんべん〉のものです。　阿倍 阿部

　駅家，駅制。これは読み方の問題でしょうね。
　和同開珎も定番。「同」には〈かねへん〉をつけない。708年，元号は和銅元年になりますが，元号には〈かねへん〉がいります。ところがこの貨幣がなかなか流通しない。政府は蓄銭叙位令を出した。これも関連で必ず出てきます。貯蓄の「蓄」は大丈夫ですね。叙位ということばを忘れないようにしてください。この「叙」，これはけっこう舒明天皇の「舒」にしてしまう場合がなくはないですから。乾元大宝までの皇朝十二銭も大丈夫でしょう。ちなみに近年，天武朝の「富本銭」が確認されましたので，これもしっかり覚えておいてください。

和同 和銅　叙位 舒位

　東北経営については淳足・磐舟柵で，ちなみにこの磐舟の「磐」は磐井の乱の「磐」です。ということは，当然ここも下が「皿」にならないように。そして大隅国の設置は，渋い問題でよく出ます。近代の大隈重信の「隈」をまさか書いた人はいませんね。それから，土偶の「偶」ももう一度確認しておいてください。こちらは〈にんべん〉でしたね。　大隅 大隈 大偶

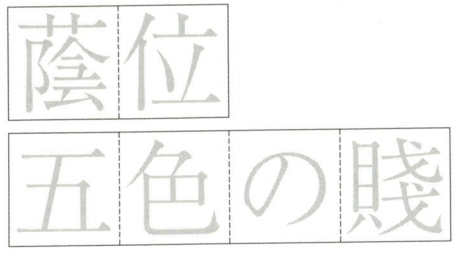

蔭位
五色の賤

第5回　奈良時代の政治〜平安初期の文化

　1ふじわらのふひと　　　　2ながやおう
［　　　　　］の死後，［　　　　］が政権のトップに立つが，729年に藤原武智麻呂らはその排斥に成功し，光明子の立后を実現した。

　藤原四子は737年伝染病で相次いで世を去り，政権トップには
3たちばなのもろえ
［　　　　］が立ち，4げんぼう　5きびのまきび
［　　　］や［　　　　　］が台頭し，これに対抗した6ふじわらのひろつぐ
［　　　　　　］の乱は政府軍により鎮圧された。

　7こうけん　　　　　　　8ふじわらのなかまろ
［　　　］天皇のもとで［　　　　　　　］が台頭し，橘奈良麻呂の乱も鎮圧されると，やがて淳仁天皇を擁立し，9えみのおしかつ
［　　　　　　　］という名を賜った。

10くぶんでん　　　　　　　　　　　　11さんぜいっしんのほう　　　　　　　12こん
［　　　　］の不足に対し，723年には［　　　　　　　　］，さらに743年には［
でんえいねんしざいのほう
　　　　　　　　　　　］が出された。そして，これを機に貴族や大寺院による初期荘園の開発が進んだが，それは原則として13ゆそでん
［　　　　］であって，無税の土地ではなかった。

　　　　　　14ひえだのあれ　　　　　　　　　　　　15おおのやすまろ
　712年には，［　　　　　　］がよみおぼえた歴史を［　　　　　　　　］が筆録して
16こじき　　　　　　　　　　　　　　　　　　　　　17にほんしょき　　　18とねり
『　　　　』が完成したが，漢文による最初の正史，『　　　　　　』は［　　　　］
しんのう
　　　　］らによって720年に完成した。

　　　　　　　　　　　　　　　　　　　　　19かいふうそう
　奈良時代には現存する最古の漢詩集である『　　　　　　』が成立しているが，
　　　　　　　　　　　　　　　　　　　　　　　20やまのうえのおくら　21おおともの
和歌では最大の国民的歌集である『万葉集』が成立し，［　　　　　　　　］や［　　　　
やかもち
　　　　］らの歌も収められている。また絵画では，中国風（唐風）絵画が中心で，
22しょうそういん
［　　　　　］の鳥毛立女屏風がその代表である。

律令の教育制度は式部省管轄下の大学，および地方の〔23こくがく〕によって担われた。また〔24いそのかみのやかつぐ〕は〔25うんてい〕と呼ばれる図書館を作り，これを人々に公開したとされる。

南都六宗とは，〔26さんろん〕・〔27じょうじつ〕・〔28ほっそう〕・〔29くしゃ〕・〔30けごん〕・〔31りつ〕の各宗である。このうち〔31りつ〕は〔32がんじん〕によって伝えられた。

〔33かんむ〕天皇は784年長岡京へ，そして794年にはさらに平安京への遷都を断行したが，造都とともに蝦夷征討事業をも進めた。その征討事業で有名なのが〔34せいいたいしょうぐん〕坂上田村麻呂である。

〔33かんむ〕天皇は地方政治強化のために〔35かげゆし〕を置いて〔36こくし〕の交代を監督させた。また〔37ぐんだん〕を，辺要の地を除いて廃止し，代わりに〔38ぐんじ〕の子弟からなる〔39こんでい〕を置くこととした。

〔40さが〕天皇の時代には〔41くろうどのとう〕・〔42けびいし〕など，その後，政府中枢を握る重要な〔43りょうげのかん〕が設置されていった。

9世紀前半から10世紀にかけて，〔44こうにんきゃくしき〕，さらに貞観・延喜と3代にわたって格式編纂が行われていった。これを合わせて〔45さんだいきゃくしき〕と呼ぶ。

解答

1 藤原不比等　2 長屋王　3 橘諸兄　4 玄昉
5 吉備真備　6 藤原広嗣　7 孝謙　8 藤原仲麻呂
9 恵美押勝　10 口分田　11 三世一身法
12 墾田永年私財法　13 輸租田　14 稗田阿礼　15 太安万侶
16 古事記　17 日本書紀　18 舎人親王　19 懐風藻
20 山上憶良　21 大伴家持　22 正倉院　23 国学
24 石上宅嗣　25 芸亭　26 三論　27 成実
28 法相　29 倶舎　30 華厳　31 律
32 鑑真　33 桓武　34 征夷大将軍　35 勘解由使
36 国司　37 軍団　38 郡司　39 健児
40 嵯峨　41 蔵人頭　42 検非違使　43 令外官
44 弘仁格式　45 三代格式

　藤原不比等，**長屋王**。この辺は大丈夫ですね。
　玄昉の「昉」はふだん使わない字です。書けなかった人，一緒に書いてみてください。**吉備真備**。同じ字が2回出てくる珍しい名前ですが，これも慣れればOKでしょう。**藤原広嗣**の「嗣」，これは継続の「継」を書かないように。
　そして**孝謙**天皇のもとで**藤原仲麻呂**が台頭。政治史の基本ですが，**孝謙**天皇の「孝」は親孝行の「孝」ですよ。「考」えるという字とはっきり区別することですよ。孝徳天皇，光孝天皇，幕末になると孝明天皇。天皇名に「考」えるという字を使う人はいません。

　口分田，**三世一身法**とくれば**墾田永年私財法**。もちろん「墾」は下が「土」。「心」を書くと「懇」ろ（ねんごろ）という字になってしまいますよ。田んぼだから「土」に決まっています。**輸租田**。もちろん「輪租田」なんて書かないね。輸送の「輸」で，「租を運ぶ」という意味です。

　『**古事記**』の「記」はいいですか。〈ごんべん〉です。『**日本書紀**』は〈いとへん〉です。もうやりましたね。稗田阿礼の「稗」を奴婢の「婢」にしないこと。**太安万侶**の「太」，点をちゃんと打ちましょう。

さて，焦点です。『懐風藻』。実際に試験に出されるとさまざまな誤字が続出します。「海風」と書く人とか。現存最古の漢詩文集，中堅大学の定番ですから，こういうところで落としてはいけない。口では言えるけど漢字では書けないなんてことがないようにしましょう。貧窮問答歌で有名な山上憶良。「憶」を〈にんべん〉のついた億万長者の「億」にしないことです。

続いて石上宅嗣の芸亭です。「嗣」という人名の場合は，継続の「継」と，いわゆるあとつぎという意味の「嗣」と2通りありますから。さらに「宅」という字を家持と混乱して「家」にしないこと。芸亭は芸術の「芸」じゃないよ，ここ離れてるね，というやつです。一応なぞって書いてみてください。

俱舎宗の「俱」を「倶」としても×にはならないでしょうが，正しくは「俱」です。

桓武天皇を知らない人はいません。ところがけっこう漢字をまちがえます。〈りっしんべん〉にして「恒」という字を書いてしまいます。このあたりで恒貞親王という人が出てくるからよけいややこしいんだけれども。〈きへん〉です。誰でも書けそうで，ちょっと「？」となる人が時々出てくるのが征夷大将軍。大丈夫ですか。

勘解由使という定番ですが，解由状を審査する「勘定」の「勘」です。そして健児。よく年号が出るやつですね。「泣くに泣けない郡司の子」792年ってやつですね。もう郡司はOKですね。「群」になっていませんね。

蔵人頭，検非違使。これもよく書かされる字です。慣れることです。非違を検察するという令外官。

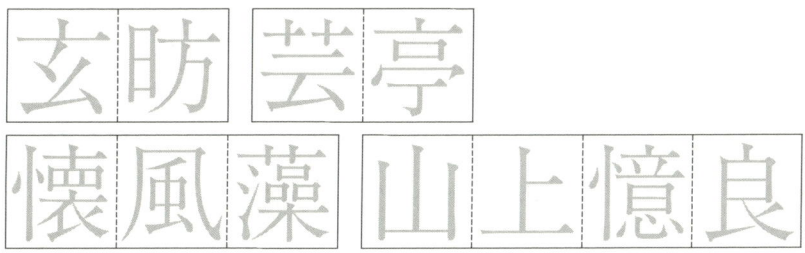

第6回　社会の変化〜国風文化

9世紀に入ると、政府は[1 だざいふ]に[2 くえいでん]、さらには中央官庁にも[3 かんでん]、[4 しょしでん]などの直営田方式による財源確保を認めた。天皇もまた[5 ちょくでん]と呼ばれる田を直接経営した。

平安前期には[6 さいちょう]による[7 てんだいしゅう]、[8 くうかい]による[9 しんごんしゅう]に代表される新仏教が興った。

弘仁・貞観文化は密教文化としての性格が強く、特に絵画では仏教の世界を示す[10 まんだら]が発達した。また漢詩文が重んじられ、[11 さが]・淳和両天皇の時には『[12 りょううんしゅう]』・『[13 ぶんかしゅうれいしゅう]』・『[14 けいこくしゅう]』の勅撰漢詩文集が編纂された。なお空海の『[15 しょうりょうしゅう]』は私家集である。

唐風の書道では、[16 さんぴつ]と呼ばれる[11 さが]天皇・[8 くうかい]・[17 たちばなのはやなり]がその名手として有名である。

漢詩文を重んじた政府の影響で有力氏族は、藤原氏の[18 かんがくいん]をはじめとする[19 だいがくべっそう]と総称される教育施設を開いていった。なお、[8 くうかい]が開いた[20 しゅげいしゅちいん]はすべての人を対象としたものとして有名である。

藤原良房は、[21 せいわ]天皇が幼少で即位すると摂政に任ぜられ、そのあとをついだ藤原基経は[22 こうこう]天皇から関白の地位を与えられた。

宇多天皇は藤原基経の没後、摂政を置かず[23 すがわらのみちざね]を[24 くろうどのとう]に登用したが、その子[25 だいご]天皇の治世は「[26 えんぎ]の[ち]」、村上天皇の治世は「[27 てんりゃく]

「○○の○」と呼ばれ，後世，天皇親政の理想の時代とされることとなった。

　摂関家は**藤原道長**（28）のときその絶頂期を迎えたが，有力氏族の代表者は氏長者と呼ばれ，特に藤原氏のそれは絶大な権力を握った。

　10世紀半ば，**空也**（29）が浄土の教えを京の市中で説き，少し遅れて**源信**（30）（**恵**（31）**心僧都**）が『**往生要集**（32）』でその考えを説き，浄土教の思想が広がった。

　1052年以降は**末法**（33）に入るとされたが，**藤原頼通**（34）が宇治に平等院を建立し，その**鳳凰堂**（35）が完成したのもちょうどこの頃のことである。

　10世紀に入ると土地に課税する体制が整えられ，**名田**（36）の耕作を請け負い，その租税を負担する農民を**田堵**（37）と呼ぶようになった。

　914年の**三善清行**（38）の**意見封事十二箇条**（39）には，地方政治の実態，戸籍制度の崩壊のありさまなどが明確に記されている。

　国司（40）は徴税請負人化し，その地位が利権化すると売位・売官の風がさかんとなり，**重任**（41）さらには任期を繰り返す**長人**（42）の風が拡がっていった。

　国司（40）の**遥任**（43）が一般化すると，現地に赴く**国司**（40）の最上級者を**受領**（44）と呼び，守が現地にいない国の政庁を留守所と呼んだ。そして**国衙**（45）の行政は**在**（46）**庁官人**たちが担うようになっていった。

　受領（44）のうちには利益を上げるために過酷な税を課し，それを訴えられる者が現れた。988年尾張国郡司百姓等解文によって訴えられた**藤原元命**（47）は，その代表的な例である。

解答

1 大宰府　2 公営田　3 官田　4 諸司田
5 勅旨田　6 最澄　7 天台宗　8 空海
9 真言宗　10 曼荼羅　11 嵯峨　12 凌雲集
13 文華秀麗集　14 経国集　15 性霊集　16 三筆
17 橘逸勢　18 勧学院　19 大学別曹　20 綜芸種智院
21 清和　22 光孝　23 菅原道真　24 蔵人頭
25 醍醐　26 延喜の治　27 天暦の治　28 藤原道長
29 空也　30 源信　31 恵心僧都　32 往生要集
33 末法　34 藤原頼通　35 鳳凰堂　36 名田
37 田堵　38 三善清行　39 意見封事十二箇条　40 国司
41 成功　42 重任　43 遙任　44 受領
45 国衙　46 在庁官人　47 藤原元命

　大宰府はもうOKですネ。
　公営田はむしろ読み方が問題ですね。「くえいでん」ですよ。「こうえいでん」なんて読まないこと。**官田，諸司田，勅旨田**。このあたりは内容そのものが不得意な人が多いから注意してください。
　定番が出てきました。**曼荼羅**。この「荼」を「茶」と書かない。棒を1本つけ加えないと「まんちゃら」になっちゃう。『**凌雲集**』は勅撰漢詩文集。「凌」が〈さんずい〉になってはいけませんよ。〈にすい〉です。ちなみに『**文華秀麗集**』の「麗」ですが，高句麗で練習してあるから大丈夫ですね。

曼荼羅　曼茶羅(×)　凌雲集　凌雲集(×)

　次に頻出の人物です。**嵯峨**天皇，**空海**。ここはOKですね。**橘逸勢**。この人は遣唐使でも出てきます。**三筆**でも出てきます。承和の変でも出てきます。外交でも文化でも政治でも出てくる，このような人は漢字で正確に書けないとダメージが大きくなりますから，しっかり書けるようにしましょう。読み方もちょっと難しいから注意しておきましょう。
　藤原氏の**大学別曹**の**勧学院**。「勧」を観光旅行の「観」にしないこと。**綜芸種智院**はすぐにわかってほしいものです。まさか**大学別曹**の「曹」を軽井沢あたりの別荘の「荘」なんて書いた人はいませんよね。

勧学院　観学院(×)　別曹　別荘(×)

光孝天皇は親孝行の「孝」ですよ。「考」えるではありませんよ。
　これも定番ですが、定番でありながらいまだにまちがえる人も多いというやつ。菅原道真を知らない人はいないでしょうが、その字が時々「管」になってしまう。上は〈たけかんむり〉ではなく〈くさかんむり〉です。延喜の治ではときどき「延」が朝廷の「廷」と混乱しているような字を見かけます。注意してください。

　宇治の関白藤原頼通の「通」。お父さんの道長の「道」と一緒にしないで。交通の「通」です。10円玉ですから、宇治平等院の鳳凰堂も書けるようにしておきましょう。教科書に写真が載っているような文化史がらみの作品はとにかく書けるように。

　田堵の「堵」については箸墓古墳のことを覚えていますか。これも右側の者はただの「者」ではなく、点を打っておいてください。
　意見封事十二箇条は覚えてしまえば大丈夫です。
　成功、重任。これは読み方の問題です。
　国衙です。もともと国府と呼ばれていた国司の執務場所。これが平安になると国衙と呼ばれるようになります。「衙」の字は何となく人工衛星の「衛」に引っ張られそうになりますが、まん中が違いますから。いいですね。

　頻出の漢字は、できてももう一度なぞっておいてください。

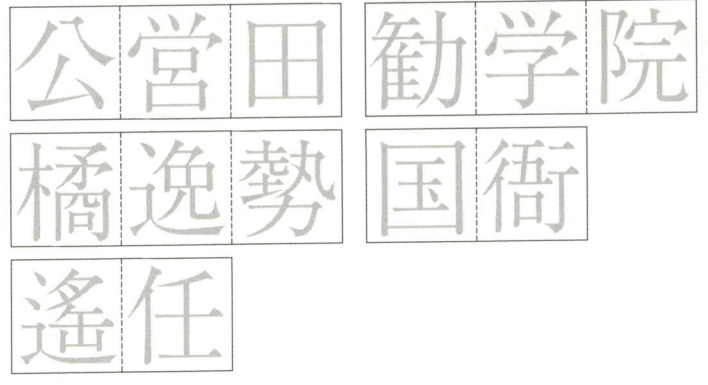

第7回　院政と武士の台頭

935年以降，[　1たいらのまさかど　]は下総を根拠地に反乱を起こしたが，平貞盛や[　2ふじわらの ひでさと　]に鎮圧された。同じ頃，西国でも[　3ふじわらのすみとも　]が瀬戸内海を舞台に反乱を起こし，源経基らによって討伐された。この東西であいついで起こった武士団の反乱を[　4じょうへい　]・[　てんぎょうのらん　]と呼ぶ。

1019年九州北部を襲った[　5とい　]の[　にゅうこう　]は，[　6だざいのごんのそつ　]藤原隆家が現地の武士を率いてこれを撃退した。

[　7みなもとのよりのぶ　]は1028年の[　8たいらのただつね　]の乱を討ち，源氏の東国進出のきっかけを作ることとなった。

奥州藤原氏の三代，[　9きよひら　]・[　10もとひら　]・[　11ひでひら　]は京の文化を取り入れたり，北方との交易などで独自の文化を育んだ。

[　12ごさんじょう　]天皇は，摂関家を外戚とせず[　13おおえのまさふさ　]らを登用し，直接政治を行い，1069年には[　14えんきゅうのしょうえんせいりれい　]を出し，[　15きろくしょうえんけんけいじょ　]を設けて土地税制を刷新し，さらに，[　16せんじます　]を指定するなどした。

院政期になると[　17とばほうおう　]のもとに[　18はちじょういんりょう　]が，[　19ごしらかわほうおう　]のもとに[　20ちょうこうどうりょう　]が集積されていった。

[　21こうふくじ　]の僧兵は奈良の[　22かすがたいしゃ　]の神木を捧げ，延暦寺の僧兵（山法師）も同じく日吉神社の神輿を担いで強訴を繰り返した。

1156年の[17 とばほうおう]の死後,保元の乱が起こった。[23 すとくじょうこう]は左大臣藤原頼長・源為義らと結び[24 ごしらかわ]天皇と対立したが,天皇方の[25 たいらのきよもり]や源義朝らに敗北した。

平氏は[26 にっそうぼうえき]に力を入れ,[25 たいらのきよもり]は摂津の[27 おおわだのとまり]を修築した。[19 ごしらかわほうおう]は,[28 いまよう]を自ら集め『[29 りょうじんひしょう]』を編んだ。

武士の時代を反映して『[30 しょうもんき]』に続き前九年の役を描いた『[31 むつわき]』などが著され,『[32 えいがものがたり]』や『[33 おおかがみ]』などの歴史物語も発達した。また絵巻物が隆盛に向かい,源氏物語絵巻や[34 ばんだいなごんえまき],[35 しぎさんえんぎえまき]などが生み出された。その中で[36 ちょうじゅうぎが]は,動物を擬人化した異色の作品である。

装飾経は優れた工芸品,絵画作品として注目されるが,その代表的なものが安芸の[37 いつくしまじんじゃ]の[38 へいけのうきょう]である。

ちょうじゅうぎが

解答

1 平将門　2 藤原秀郷　3 藤原純友　4 承平・天慶の乱
5 刀伊の入寇　6 大宰権帥　7 源頼信　8 平忠常
9 清衡　10 基衡　11 秀衡　12 後三条　13 大江匡房
14 延久の荘園整理令　15 記録荘園券契所　16 宣旨枡
17 鳥羽法皇　18 八条院領　19 後白河法皇　20 長講堂領
21 興福寺　22 春日大社　23 崇徳上皇　24 後白河
25 平清盛　26 日宋貿易　27 大輪田泊　28 今様
29 梁塵秘抄　30 将門記　31 陸奥話記　32 栄華(花)物語
33 大鏡　34 伴大納言絵巻　35 信貴山縁起絵巻
36 鳥獣戯画　37 厳島神社　38 平家納経

　刀伊の入寇，これは大事ですよ。必ず一度なぞっておきましょう。冠位十二階の「冠」と混同しないこと。今後何回も出てきますから，正確に覚えてしまいましょう。大宰権帥は難関大でよく聞かれるんですね。刀伊の入寇を撃退した大宰権帥とか，大宰権帥に左遷されるとか。もちろんこの「大」には点を打たない。そして師匠の「師」を書かない。「帥」とは大宰府の長官のことで，それの代理という意味で大宰権帥，「太宰権師」は二重のミスです。

　奥州藤原氏。清衡・基衡・秀衡。この辺はまさに暗記の焦点です。
　時々後三条天皇や後醍醐天皇の「後」を「御」と書いてしまうことがあるんですね。「後」に決まっています。念のため。大江匡房の「匡」は「国」と書きたくなるけど，点も棒もありませんよ。記録荘園券契所はもちろん定番の，後三条親政による荘園整理です。券契所の「契」が清潔の「潔」の右側にならないように。下は「糸」ではなく「大」ですからね。宣旨枡の「枡」。この字も簡単な当用漢字でもいいように思いますが，入試は教科書に合わせて〈きへん〉をつけましょう。

　八条院領，長講堂領など皇室に集まった荘園。社会経済史の定番です。
　興福寺，春日大社。このあたりの僧兵の強訴がらみはいいですか。ちなみに「日吉」と書いて「ひえ」と読むんですよ。神輿はつまりみこしのことです。
　続いて保元の乱勃発ということで，鳥羽法皇が死んで後白河天皇と崇徳上皇です。崇徳上皇の「崇」の字，崇徳上皇が不遇に陥ってしまったからといって「祟(たたり)」とまちがえないように。

日宋貿易，平清盛とくれば大輪田泊。貿易だから輸出・輸入の「輸」なんてことはないと思いますが，くれぐれも「大輪田」なんてことのないように。

今様を後白河法皇が集めた『梁塵秘抄』，これは文化史でよく書かされるものです。練習しておいてください。『陸奥話記』の「記」は〈ごんべん〉です。『栄華物語』の「華」は普通の「花」でもOKです。まさか信貴山縁起絵巻の「縁」を「緑」と書いた人はいませんね。鳥獣戯画。これはカエルなど動物の絵で有名ですが，間違っても「戯」を「劇」としないこと。

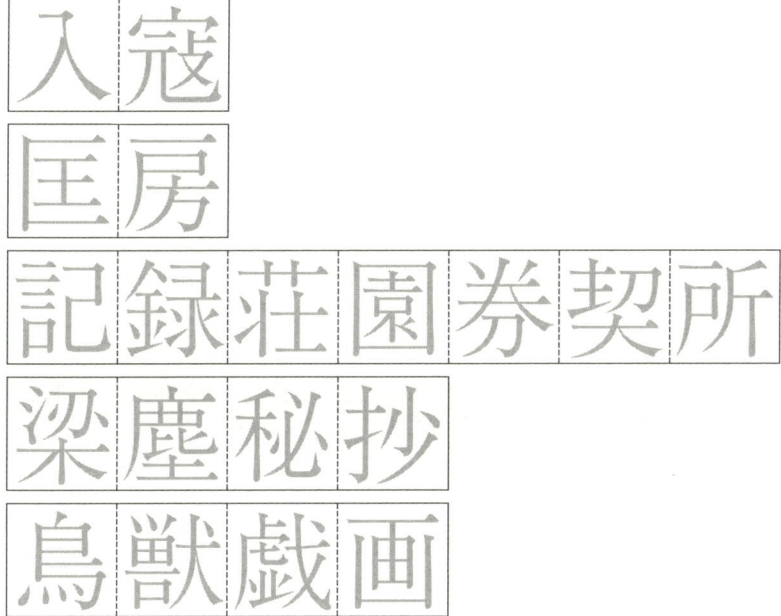

第8回　鎌倉時代

［1 たいらのきよもり］が［2 ごしらかわほうおう］を幽閉し独裁化すると，［3 もちひとおう］と源頼政が平氏打倒の兵を挙げたが敗死した。しかし，以後［3 もちひとおう］の令旨に応じ，各地で源氏が挙兵した。

1185年，［4 みなもとのよりとも］は［2 ごしらかわほうおう］から諸国に［5 しゅご］を置くことを許された。

鎌倉幕府の組織で最初に確立したのは［6 さむらいどころ］で，別当には和田義盛が任ぜられた。その後，［7 くもんじょ］（のちの政所），裁判機構である［8 もんちゅうじょ］が設置されていった。

［5 しゅご］の権限である［9 たいぼんさんかじょう］とは，［10 きょうとおおばんやく さいそく］と［11 むほんにん］・［12 さつがいにん］の逮捕である。

［4 よりとも］の形成した経済基盤としては，［13 かんとうちょうこく］および［14 かんとうごりょう］とよばれる平家没官領などを含む多数の荘園からの収入があった。

［15 みなもとのさねとも］が暗殺されると，1221年，［16 ごとばじょうこう］は北条義時追討の名目で幕府打倒の兵を挙げたが敗北した。この［17 じょうきゅうのらん］の結果3上皇は配流され，幕府は京都に［18 ろくはらたんだい］を置いた。

執権北条泰時は叔父の北条時房を［19 れんしょ］とし，有力御家人からなる［20 ひょうじょうしゅう］による合議体制を確立し，1232年には［21 ごせいばいしきもく］51カ条を制定した。

泰時の孫北条時頼は，[20 ひょうじょうしゅう]のもとに[22 ひきつけしゅう]を置き，所領に関する裁判，[23 しょむさた]を専門に担当させた。

北条時頼は[24 ほうちかっせん]で三浦泰村一族を滅ぼし，さらに，後嵯峨天皇の子[25 むねたかしんのう]を京から迎えて皇族将軍を擁立した。

鎌倉時代の武士は，強い血縁関係で結ばれた一族が単位となり，その長である[26 そうりょう]と[27 しょし]の結合によって戦闘に従事するなどした。

三別抄の乱が鎮定されると，元は[28 こうらい]の軍をともなって日本に襲来した。この文永の役後，幕府は[29 いこくけいごばんやく]を整備し，[30 ぼうるい]を構築するなど対策を立てた。

[31 げんこう]は恩賞の不足などもあって御家人の困窮を招いたが，幕府は西国への支配力を強め，いわゆる[32 とくそう]専制体制を固めていった。

鎌倉時代には西日本には麦を裏作とする二毛作が増え，また農民たちは副業として灯油原料の[33 えごま]の栽培などを行った。

鎌倉時代の商業流通では三度の市，いわゆる[34 さんさいいち]が展開し，さらに都市などには常設の小売店である[35 みせだな]も広がっていった。

遠隔地取引には[36 かわし]が用いられ，金融業者である[37 かしあげ]もあらわれた。

御家人の経済的な困窮を背景に，1297年には幕府は[38 えいにんのとくせいれい]を発布した。また所領の細分化などもあって，女性の地位は低下し，本人一代限りの権利に限定した[39 いちごぶん]と呼ばれる相続も一般化していった。

解答

1	平清盛	2	後白河法皇	3	以仁王	4	源頼朝
5	守護	6	侍所	7	公文所	8	問注所
9	大犯三カ条	10	京都大番役の催促	11	謀反人		
12	殺害人	13	関東知行国	14	関東御領	15	源実朝
16	後鳥羽上皇	17	承久の乱	18	六波羅探題	19	連署
20	評定衆	21	御成敗式目	22	引付衆	23	所務沙汰
24	宝治合戦	25	宗尊親王	26	惣領	27	庶子
28	高麗	29	異国警固番役	30	防塁	31	元寇
32	得宗	33	荏胡麻	34	三斎市	35	見世棚
36	為替	37	借上	38	永仁の徳政令	39	一期分

いよいよ中世です。**後白河法皇**を幽閉した**平清盛**のクーデターに対して，**後白河**の子，**以仁王**が源頼政とともに挙兵します。以仁王，これも読み方をしっかり覚えて慣れてしまえば大丈夫でしょう。

さて，**頼朝**は幕府を開設しましたが，国ごとに設置された**守護**の**大犯三カ条**，これはむしろ単純な暗記で，**京都大番役の催促，謀反人・殺害人**の逮捕です。

源実朝，承久の乱ときますが，**六波羅探題**の「探」，これは探偵や探索の「探」で〈てへん〉ですよ。まさか〈さんずい〉を書く人はいないでしょうね。

続いて北条泰時と叔父の時房ペアは頻出ですよ。**承久の乱**を戦った，**六波羅探題**に任命された，そして泰時が叔父の時房を初代の**連署**とする。このあたりをしっかり覚えてください。

難しい漢字はこの回はあまりありませんね。

惣領制の「惣」は「物」に「心」です。よく出てきます。

そして，よく出てくると言った高句麗から「句」を取ると，中世の高麗になります。

異国警固番役，ここは注意。警護する，護衛する，守護・地頭の「護」を書かないこと。「固」めるですよ。音だけで覚えてまちがえてしまいがちなものです。

警固 警護（×）

元寇の「寇」は確実に書けたでしょうか。もう気付いたと思いますが，同じ字が違う用語でよく出てきます。そこで，第1回から確実に正しい漢字を覚えていくことで，回を追うごとに正解率が上昇するはずです。

灯油の原料とは荏胡麻です。大丈夫ですか。

三斎市の「斎」は書けましたか。姓にもありますが，「斉」はだめですよ。書かないようにしてくださいね。　三斎市　三斉市

為替，借上は読み方がきちんとできればＯＫでしょう。

女性に対する所領譲与の時の一期分。1学期，2学期の「期」を「ご」と読みますね。この読み方は，江戸時代に「末期養子の緩和」というところでも出てきます。

このように中世になると書き方もさることながら読み方がキーワードになってきます。ふだんから正しく読む習慣をつけておいて，それを得点に結びつけることも大事でしょう。

また，何でもない字は忘れやすいものです。簡単な字を見逃さないこと。ちょっと書いておいてください。

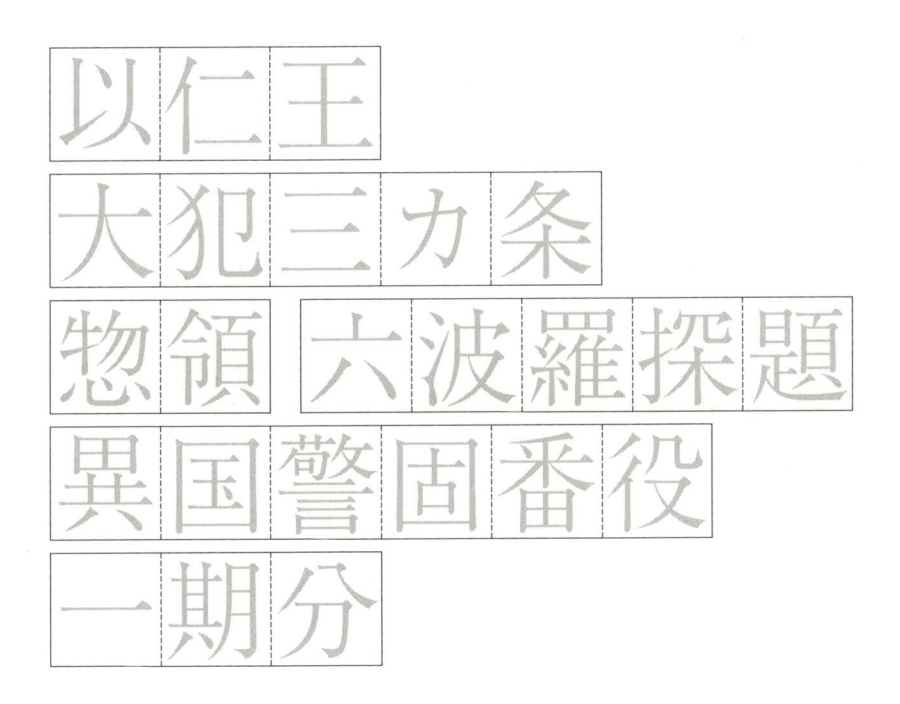

以	仁	王

大	犯	三	カ	条

惣	領	六	波	羅	探	題

異	国	警	固	番	役

一	期	分

第9回　鎌倉文化

　^{1ほうねん}□は^{2せんじゅねんぶつ}□の教えを説き，弟子の^{3しんらん}□は^{4あくにんしょうき}□の説で徹底した救済を唱え，さらに^{5いっぺん}□は念仏札を配り，^{6おどりねんぶつ}□によって各地を布教しつつ浄土教の教えを広めた。

　法華経第一主義を唱えた^{7にちれん}□は，^{8だいもく}□を唱えることを主張し，他宗を激しく攻撃して，外国の侵略を予言する『^{9りっしょうあんこくろん}□』を北条時頼に提出した。

　^{10えいさい}□は宋から^{11りんざいしゅう}□をもたらし，同じく^{12どうげん}□は^{13そうとうしゅう}□をもたらした。^{12どうげん}□は徹底した坐禅，いわゆる^{14しかんたざ}□を唱え，権力を避けて越前の永平寺にその修行の場を開いていった。

　^{15ほっそうしゅう}□の^{16じょうけい}□（^{17げだつ}□上人）や^{18けごんしゅう}□の^{19こうべん}□（^{20みょうえ}□上人）などは，戒律を重視して奈良仏教の再興に活躍した。^{21りっしゅう}□の^{22えいそん}□あるいは^{23にんしょう}□は，病人の救済・治療などの社会事業にも乗り出していった。

　^{24みなもとのよりとも}□のパートナーであった^{25ふじわらのかねざね}□^{26くじょうかねざね}（□）の弟^{27じえん}□は『^{28ぐかんしょう}□』を著し，^{29ごとばじょうこう}□の挙兵をとどめようとしたと言われる。同書は日本で最初の本格的な史論書と評価され，道理と^{30まっぽう}□思想によって歴史を説明したものである。

　^{29ごとばじょうこう}□は藤原定家・家隆らを撰者とし，新古今和歌集を完成させた。その影響は武家にも及び，将軍^{31みなもとのさねとも}□は『^{32きんかいわかしゅう}□』を残した。

軍記物語の最高傑作とされる『[33 へいけものがたり]』は[34 びわほうし]が平曲としてこれを語り，庶民に広まっていった。

北条実時とその子孫によって[35 むさし]の金沢に金沢文庫が設立され，和漢の書物が集められ学問の拠点となった。また幕府の歴史を日記風にまとめた『[36 あづまかがみ]』も編さんされた。

[37 しんぽんぶつじゃくせつ]と呼ばれる神道理論が伊勢神宮を中心にあらわれたが，[38 わたらいいえゆき]の『[39 るいじゅうじんぎほんげん]』はその代表的な著作である。

平重衡による南都焼討ちからの奈良の復興にともない，東大寺再建に際して，[40 ちょうげん]が陳和卿の協力を得て大仏様と呼ばれる大陸的な建築を導入した。東大寺[41 なんだいもん]はその代表的な遺構である。

禅宗の隆盛にともない，整然とした緻密な美しさを特徴とする[42 ぜんしゅうよう]の建築物があらわれ，[43 えんがくじしゃりでん]などが今日に遺されている。

鎌倉文化の写実性を象徴するものとして，個人の肖像画である[44 にせえ]，あるいは禅宗の高僧の肖像画である[45 ちんぞう]がさかんに作成された。

解答

1 法然　2 専修念仏　3 親鸞　4 悪人正機
5 一遍　6 踊念仏　7 日蓮　8 題目
9 立正安国論　10 栄西　11 臨済宗　12 道元
13 曹洞宗　14 只管打坐　15 法相宗　16 貞慶
17 解脱　18 華厳宗　19 高弁　20 明恵
21 律宗　22 叡尊　23 忍性　24 源頼朝
25 藤原兼実　26 九条兼実　27 慈円　28 愚管抄
29 後鳥羽上皇　30 末法　31 源実朝　32 金槐和歌集
33 平家物語　34 琵琶法師　35 武蔵　36 吾妻鏡
37 神本仏迹説　38 度会家行　39 類聚神祇本源　40 重源
41 南大門　42 禅宗様　43 円覚寺舎利殿　44 似絵
45 頂相

　親鸞の「鸞」は画数が多い。「糸」「言」う「糸」そして「鳥」。一度なぞっておきましょう。悪人正機説。「善人なをもて往生を遂ぐ」ですね。そして一遍上人とくれば踊念仏。このあたりはみんな書けなければいけません。
　題目を唱える，これを主張したのは日蓮です。立正安国論，これは北条時頼に提出されたものですね。後の蒙古襲来を予言したということで有名です。
　続いて禅宗です。栄西が臨済宗をもたらす。臨済宗の「済」をまちがって栄西の「西」と書かないことですね。そして道元の曹洞宗。難しくはないけれどもけっこうまちがえる漢字ですね。道元の姿勢を示す有名なことばが只管打坐。只管とは「ひたすら」という意味。ひたすら坐禅に打ち込め，ということ。坐禅の「坐」もいいですか。座敷の「座」を書いてはいけませんよ。実際自分で書いてみて，「？」と思うような漢字って多いですよね。この本の目的はそういう文字をなくすことだから，正確に，一画一画ていねいに書いていますか。そこのところが大切です。臨済宗　臨西宗✗
　鎌倉旧仏教です。法相宗。興福寺は法相宗で，貞慶（解脱上人）ね。華厳宗。こちらは東大寺がほぼその最大の中心ですが，高弁（明恵上人）。またちょっとなぞっておいた方がいいでしょう，叡尊や比叡山の「叡」。鎌倉に長く滞在したのが忍性ですね。
　九条兼実，慈円。この兄弟は有名です。慈円の『愚管抄』。一説によれば後鳥

羽上皇の挙兵を止めようとしたのだと言われている，日本最初の史論書，つまり歴史の理論を書いた本です。『愚管抄』の「管」，これは「愚か者が管で見る」ということから〈たけかんむり〉の「管」。菅原道真の「菅」は〈くさかんむり〉です。ややこしくなってきていませんか。

　後鳥羽上皇の和歌の世界に入っていったのが3代将軍源実朝ですが，実朝とくれば『金槐和歌集』。この「槐」をくれぐれも「塊」にしないこと。〈きへん〉です。 金槐 金塊✗

　庶民へ文学が拡がっていく一つの大きなきっかけが琵琶法師の平曲。琵琶法師はみんな読めるのですが，書こうと思った時「?」となることがあります。

　鎌倉文化で金沢文庫はよく出てきます。武蔵の国ですが，こういう簡単な漢字も大切です。

　文永・弘安の役以降の神国思想の影響として，よく問われるのが神本仏迹説。もちろん本地垂迹説がそのもとにあって，これを逆にしたものですが。伊勢神宮の神官，読み方はいいですね。度会家行。それから『類聚神祇本源』。「聚」，これも一度なぞっておきましょう。

　鎌倉時代の写実的な文化を象徴するのが，源頼朝像なんかで有名な，いわゆる似絵。「似せた絵」という意味ですね。そして同じ肖像画でも，禅宗の偉いお坊さん，高僧の肖像画を頂相と言います。このあたりの文化史はおろそかにしないように。

親鸞　叡尊　類聚

どうげん

しかんたざ

第10回　室町幕府の成立

　1ごだいご
　□□□□天皇は元弘の変で隠岐島に流されたが、2あしかがたかうじ □□□□□によって3ろく
　はら たんだい
　□□□□□が滅ぼされると京都に帰り、建武の新政を開始した。

　建武政権は最高機関として記録所を、さらに所領裁判を扱うための 4ざっ そ けつ □□□□
　だんしょ
　□□□を設置した。

　建武の新政は、伝統や慣習の無視から多くの不満を引き起こし、その混乱ぶり
　5にじょうがわら　　　らくしょ
は□□□□の□□□に如実に描かれている。

　2たかうじ　　　6せい い たいしょうぐん
　□□□□は1338年□□□□□□に任ぜられたが、政治の実務は弟の 7あしかが □□□□
　ただよし　　　　　　　　　　　　　　　　　　7ただよし 2たかうじ 8こうのもろなお
　□□□が分担する二頭政治を行った。しかし、□□□と□□□□の執事
　　　　　　9かんのう　じょうらん
　の対立から□□□の□□□が起こった。

　　　　　10あしかがよしみつ　　11だいかくじ とう　　　　　　　　12じ みょういんとう
　1392年、□□□□□□□によって□□□□□□の後亀山天皇が、□□□□□□
の後小松天皇に譲位する形で南北朝の合体が実現した。

　　　　　　　　　13ほそかわ 14し ば 15はたけやま　　　　　　　　　　16かん
　室町幕府の中央は、□□□□・□□・□□□□の三氏から交代で任ぜられる□□
れい　　　　　　　　　17しょ し　　　　　　　　　17しょ し 18あかまつ 19いっしき
□と、侍所の長官である□□□が政権を担った。□□□は□□□・□□□□・□□□
20やま な 21きょうごく
・□□□・□□□□の4氏の中から任命されるのが慣例となっていった。

　　　　　　　　　　　　　　　　　　　　　　　　　　2たかうじ
　室町幕府は鎌倉に鎌倉府を開いたが、その初代は□□□□の子、基氏である。
　　　　　　　　　　22かんとうかんれい
この鎌倉公方を補佐する□□□□□□□□は、上杉氏が世襲した。

　　　10よしみつ 23とき やすゆき　　　　　　　　　　24やまな うじきよ
　□□□□□は□□□□□□の乱、六分の一殿と呼ばれる□□□□□□を滅ぼした

さらには大内義弘を討伐した[26 おうえい]の[ ]などによってその権力を高めた。

[27 かりたろうぜき]の取り締まりや，裁判の判決を現地で強制執行する[28 しせつじゅん]
[ぎょう]で権限を強化した[29 しゅご]は，[30 しゅごうけ]，[31 はんぜいれい]の執行などを通して本所領に対する支配も強めた。

1368年明を建国した太祖洪武帝（[32 しゅげんしょう]）は[33 わこう]の禁圧を日本に求めた。[10 よしみつ]は1401年正使[34 そあ]と，副使[35 こいつみ]を送り，明の皇帝から「日本国王源道義」の称号を与えられ，以後，[36 かんごうふ]を使用したいわゆる[37 かんごうぼうえき]が始まった。

日明貿易をめぐる権利は，[38 にんぽうのらん]以後，勝った大内氏が博多商人とともにこれを独占していった。

南北朝の合体が実現した1392年，[39 こうらい]に代わって[40 りせいけい]により李氏朝鮮が建国された。

日朝貿易は[41 おうえいがいこう]によって一時中断したが，16世紀にいたるまで活発で，綿布などの輸入品が日本にもたらされたが，やがて1510年の[42 さんぽのらん]を契機に衰退に向かった。

沖縄では三山の対立の中から中山王[43 しょうはし]が台頭し，1429年これを統一し，[44 りゅうきゅう]王国が成立した。同国は中継貿易によって繁栄し，[45 な]の港は史上空前の繁栄を誇った。

解答

1 後醍醐　2 足利尊氏　3 六波羅探題　4 雑訴決断所
5 二条河原の落書　6 征夷大将軍　7 足利直義
8 高師直　9 観応の擾乱　10 足利義満　11 大覚寺統
12 持明院統　13 細川　14 斯波　15 畠山
16 管領　17 所司　18 赤松　19 一色　20 山名
21 京極　22 関東管領　23 土岐康行　24 山名氏清
25 明徳の乱　26 応永の乱　27 刈田狼藉　28 使節遵行
29 守護　30 守護請　31 半済令　32 朱元璋
33 倭寇　34 祖阿　35 肥富　36 勘合符
37 勘合貿易　38 寧波の乱　39 高麗　40 李成桂
41 応永の外寇　42 三浦の乱　43 尚巴志　44 琉球
45 那覇

　後醍醐天皇そして足利尊氏が登場して幕府が倒れ，建武の新政。足利尊氏の「尊」はもともとは高い・低いの「高氏」ですが，後醍醐天皇の名前の１字をもらって「尊」に変わっています。
　建武政権の土地裁判を専門に扱った裁判所が雑訴決断所ですね。
　建武政権の混乱を京都の庶民の目から描いたのが二条河原の落書です。時々落書の「書」を「首」と書く人がいまして，これは不吉だからやめましょうね。
　やがて足利尊氏は建武政権に反旗を翻し，北朝の光明天皇から征夷大将軍に任命されます。征夷大将軍は１回出ていますよ。尊氏の弟が足利直義。この直義と尊氏の側近，高師直との対立から観応の擾乱が起こります。「擾」もふだんはほとんど使わない字なので，一度なぞっておいてください。
　室町幕府は３代足利義満の頃に絶頂期を迎えます。そして義満は1392年，後亀山天皇から後小松天皇へ三種の神器を譲るという形で，南北朝の合体を実現していきます。
　管領で，細川・斯波・畠山のうち斯波の「斯」という字が時々ややこしくなります。１学期の「期」ではいけませんよ。管領ですが，くれぐれも〈くさかんむり〉の「菅」ではいけませんよ。侍所の長官が所司ですね。赤松・一色・山名・京極の４氏。「京都の山は赤一色」と，暗記もぬかりないように。

義満は有力守護を弾圧していきます。美濃の乱とも呼ばれる土岐康行の乱，山名氏清が滅亡したのが明徳の乱，さらに大内氏を討った応永の乱。このあたりは義満の権力確立過程の定番商品です。

　刈田狼藉の取り締まりの「狼」。〈さんずい〉にしてしまうと楽浪郡の「浪」になってしまいます。〈けものへん〉です。狼藉の「藉」も，〈たけかんむり〉にしちゃうと戸籍の「籍」になります。上は〈くさかんむり〉ですョ。そして使節遵行の「遵」は「法律を遵守する」などの「遵」です。

| 狼 | 藉 | 浪 | 籍 |

　14世紀に東アジアが大きく転換します。明の建国者は朱元璋。そして李成桂は倭寇の禁圧で活躍し，国民の信頼を集めました。倭寇の「倭」はもちろん〈にんべん〉をつけます。「寇」は刀伊の入寇，元寇と，これで3回目。義満は1401年に祖阿，そして肥富を送って日明国交の開始に成功します。この日明国交に伴う貿易は勘合符を用いたので，勘合貿易と呼ばれます。

　勘合貿易はやがて大内氏と博多商人，細川氏と堺商人が担うようになりますが，この両者がぶつかったのが寧波の乱です。「寧」は丁寧の「寧」。この字は頻出ですので，なぞっておいてください。

　一方，李氏朝鮮ですが，建国者は高麗を倒した李成桂。「李」の上に棒をつけていませんね。

| 李 | 季 |

　李氏朝鮮との日朝貿易が一時中断した原因が応永の外寇です。またも「寇」の字ですね。4回目。制限を強めていった朝鮮政府に対して日本人商人が起こした反乱が三浦の乱です。富山浦・乃而浦・塩浦，そこまで書けなくてもいいですが，このあたりは気の緩みがちな分野ですから，緊張して復習しておいてください。

　さて，琉球は1428年の正長の土一揆のちょうど翌年，尚巴志によって統一されます。注意するのは，首里の王府に対し国際貿易港として空前の繁栄を誇ったのは那覇です。ちゃんと区別をつけてください。

| 擾 | 乱 | 寧 | 波 |

第11回　室町幕府の衰退〜室町の経済

 ¹そうそん[　　]は寄り合いによる合議で運営され、²そうおきて[　　]を定めたり、自ら警察権を行使する³じげけんだん[　　]、荘園年貢を請け負う⁴じげうけ[　　]などの権利を獲得し、自治性を強めていった。

 1428年⁵しょうちょう[　　]の[どいっき　]が発生した。土民たちは⁶とくせい[　　]を要求したが、幕府はこれに応じなかった。しかし各地で実力による、いわゆる⁷しとくせい[　　]が行われていった。

 ⁸かきつ[　　]の乱で⁹あかまつみつすけ[　　　　]により足利義政が謀殺されると、新将軍の「代始」の⁶とくせい[　　]を要求して数万の土民が蜂起し、ついに幕府は山城一国平均の⁶とくせい[　　]令を発布した。

 1467年¹⁰おうにん[　　]の乱が勃発した。幕府の実力者¹¹ほそかわかつもと[　　　　]と¹²やまなもちとよ[　　　　]¹³そうぜん（　　）との対立を軸に、これに将軍継嗣問題や¹⁴ほそかわ[　　]・¹⁵はたけやま[　　]などの家督争いが絡んで複雑な様相を呈し、長い戦乱に陥り、いわゆる¹⁶げこくじょう[　　]の風潮が一般化した。

 1485年、¹⁵はたけやま[　　]氏の対立が続く山城では、国人から土民を含む多くの住民が¹⁵はたけやま[　　]両[　]を国外退去させ、約8年間の自治を実現した。これが¹⁷やましろ[　　]の[くにいっき　]である。

 ¹⁸れんにょ[　　]の布教によって¹⁹いっこうしゅう[　　　　]が近畿・東海・北陸に広まると、門徒を中核に²⁰いっこういっき[　　　　]が盛んとなり、1488年から約1世紀にわたって加賀一国の支配

室町になると，二毛作に加えて畿内では三毛作があらわれた。また肥料も従来の[21 かりしき]・[22 そうもくかい]に加えて，有機肥料である[23 しもごえ]が使用されるようになった。

輸入銭の大量流入によって[10 おうにん]の[らん]後には[24 ろくさいいち]が一般化し，[25 れんじゃく]商人や振売などの行商人も増加していった。

輸入銭の大量流入は，やがて粗悪な私鋳銭などをも生み出し，[26 えりぜに（せんせん）]行為がさかんに行われたために，幕府や戦国大名はしばしば[26 えりぜに]令を発布した。

中世には多くの座が存在したが，その中でも石清水八幡宮を本所とし，[27 え][28 ごま]の購入・加工・販売の独占権を保障された大山崎の[28 あぶらざ]，あるいは北野神社の[29 わたざ]，そして洛中最大の座であった[30 しふかよちょうざ]などが著名である。

解答

1 惣村　　2 惣掟　　3 地下検断　　4 地下請
5 正長の土一揆　6 徳政　　7 私徳政　　8 嘉吉の乱
9 赤松満祐　　10 応仁の乱　　11 細川勝元　　12 山名持豊
13 宗全　　14 細川　　15 畠山　　16 下剋上
17 山城の国一揆　　18 蓮如　　19 一向宗　　20 一向一揆
21 刈敷　　22 草木灰　　23 下肥　　24 六斎市
25 連雀　　26 撰銭　　27 荏胡麻　　28 油座
29 綿座　　30 四府駕輿丁座

中世の自治的村落結合の惣・惣村。惣が自ら警察権を行使すると地下検断，荘園年貢を請け負うと地下請。このあたりは入試で絶対に落とせない頻出の用語です。いいですか。

15世紀に入るといよいよ一揆の時代になり，この辺になると皆さん割と得意分野になってきますね。もっとも，気を抜くと混乱することもありますから注意しなければなりません。

そこでこの15世紀の一揆でキーポイントになる人物が，播磨の守護，赤松満祐ですね。「祐」は「助」ではありませんよ。この赤松満祐は播磨の土一揆を守護として鎮圧した時にも出てきますし，嘉吉の乱で将軍義教を謀殺したことでも出てきます。足利義教とのカラミで頻出の人物。この嘉吉の乱をきっかけに起こったのが嘉吉の土一揆で，新将軍義勝の代始を狙ったものです。この時幕府は山城一国平均の徳政令を初めて出すわけです。

満祐　満助✗

そしていよいよ応仁の乱以後，下剋上の風潮が一般化するあたりです。細川勝元，山名持豊（宗全）という幕府実力者の対立の図式と，関係する人名を確認しておいてください。細川を頼ったのが畠山政長，山名を頼ったのが畠山義就。この区別がついてないとマズイ。

応仁の乱後なおも続くこの両者，政長，義就の畠山氏の家督争いに対して，山城の国一揆が起こります。

さらに，蓮如によって北陸方面などに拡がっていった一向宗。その一向宗の信者を門徒，一向宗の地方に展開した宗教施設を道場と言います。門徒を中核に一向一揆がさかんに結ばれるようになっていきました。一揆勢に滅ぼされた富樫政親もよく出題されますよ。

室町の経済のところでは，刈敷・草木灰のような鎌倉以来の肥料に加えて下肥

が使用されるようになります。

　そして三斎市に対して応仁の乱後になると六斎市が一般化し，行商もさかんになります。連雀商人，このあたりは読み方を覚えてしまえば書けますね。
貨幣経済の発展に伴い，輸入銭の不足などもあって粗悪な私鋳銭が出回ったため，撰銭という行為がさかんになります。撰銭令，これも中世後期の経済史の定番です。

　荏胡麻はこれで２度目の登場ですね。最後は，ちょっと難しい問題かもしれないけれど，一部の教科書には載っているのが，京都市中最大の交通業者の座です。四府駕輿丁座。こんなの書けたらびっくりするような偏差値が出てしまうかもしれません。「輿」という字は，この本を一生懸命にやった人なら覚えているでしょう。ほら，日吉神社の神輿，みこしの「輿」ですね。できなくてもショックは受けなくていいですよ。それよりもここでは撰銭令の「撰」でしょうね。「撰」は近代でも出てきますし，勅撰和歌集のところでも出てきますが，正しくは右側，つくりの方，上に棒がくっつかなければいけません。細かいようですがちょっと注意してください。

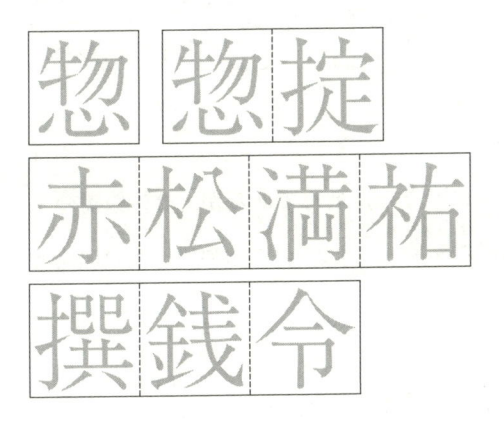

第12回　室町文化～戦国大名の登場

　南北朝期には，歴史書や軍記物語などがさかんに著された。四鏡の最後『￣1ます￣』，あるいは南朝正統論を主張した北畠親房の『￣2じんのうしょうとうき￣』，あるいは武家の立場からこの時期を描いた『￣3ばいしょうろん￣』などである。

　￣4しんでんづくり￣風と禅宗様よりなる金閣は北山文化を象徴する建築物である。

　￣5あしかがたかうじ￣は￣6むそうそせき￣のすすめに従い，数回にわたって￣7てんりゅうじぶね￣を派遣した。

　￣8あしかがよしみつ￣は南￣9そう￣の制度を模倣し，￣10ござんじっさつ￣の制を確立させた。また￣8よしみつ￣は大和猿楽四座のうち，観世座の￣11かんあみ￣・￣12ぜあみ￣父子を保護し，芸術性の高い猿楽能の完成を促した。

　東山文化は￣13あしかがよしまさ￣の東山山荘にちなんだ名称であるが，その銀閣の下層および￣14とうぐどうどうじんさい￣にみられる￣15しょいんづくり￣は，のちの和風建築の源流となるものであった。

　禅宗の隆盛とともに禅僧による水墨画が発展していったが，￣16みんちょう￣・￣17じょせつ￣・￣18しゅうぶん￣らを経て，￣19せっしゅう￣があらわれると，ここに日本的な水墨画様式が完成された。

　鎌倉時代，栄西によって伝えられた喫茶の風習は，￣20むらたじゅこう￣さらには￣21たけのじょうおう￣を経て，￣22せんのりきゅう￣によって完成された。この茶道を￣23わびちゃ￣と呼ぶ。

24[いちじょうかねよし]は有職書の『25[くじこんげん]』,政治論では『26[しょうだんちよう]』,また源氏物語研究の『27[かちょうよせい]（かねら）』など多くの著作をのこしている。

28[にじょうよしもと]が連歌の地位を確立すると,やがて29[そうぎ]が出て正風連歌を,さらに山崎宗鑑が30[はいかいれんが]を確立するに至った。

京都の町衆たちは31[いっこういっき]と対決するために32[ほっけいっき]を結んだ。

33[ぶんこくほう]の代表的なものとしては伊達氏の34[じんかいしゅう],今川氏の今川仮名目録,武田氏の甲州法度之次第などがあり,35[けんかりょうせいばいほう]など強い家臣団統制度が見えている。

中国地方最大の守護大名36[おおうちよしたか]は,家臣の37[すえはるかた]に国を奪われたが,さらに安芸の国人出身の38[もうりもとなり]がこれに代わった。

博多は12人の39[ねんぎょうじ],堺は36人の40[えごうしゅう]による会議によって自治的に運営された。

中世の都市には伊勢神宮の宇治・山田,信濃41[ぜんこうじ]の長野などの42[もんぜん][まち]や,摂津43[いしやまほんがんじ],金沢あるいは富田林などの44[じないちょう],さらには45[みなとまち],そして戦国大名によって営まれた46[じょうかまち]などがあった。

解答

1 増鏡　2 神皇正統記　3 梅松論　4 寝殿造
5 足利尊氏　6 夢窓疎石　7 天竜寺船　8 足利義満
9 宋　10 五山十刹　11 観阿弥　12 世阿弥
13 足利義政　14 東求堂同仁斎　15 書院造　16 明兆
17 如拙　18 周文　19 雪舟　20 村田珠光
21 武野紹鷗　22 千利休　23 侘び茶　24 一条兼良
25 公事根源　26 樵談治要　27 花鳥余情　28 二条良基
29 宗祇　30 俳諧連歌　31 一向一揆　32 法華一揆
33 分国法　34 塵芥集　35 喧嘩両成敗法　36 大内義隆
37 陶晴賢　38 毛利元就　39 年行司　40 会合衆
41 善光寺　42 門前町　43 石山本願寺　44 寺内町
45 港町　46 城下町

　『増鏡』『神皇正統記』『梅松論』。史学史というテーマ史でもよく出てきます。『神皇正統記』の「記」は〈いとへん〉ではありませんよ。
　禅宗の高僧といえば，まずこの人が出てきます。夢窓疎石は尊氏にすすめて天竜寺を創建させました。通常，難しい禅宗のお坊さんの名前を書かせることはないのですが，夢窓疎石は入試で書かされる代表的な禅僧です。「疎」をしっかり書けるようにしましょう。なぞって書いてみるとわかると思います。三教義疏の「疏」と同じ〈ひきへん〉ですね。
　五山十刹はさらにその下に諸山というのがあります。まあジョークのようですけど，十刹の「刹」を「殺」すにしてしまう人がいます。これはいけませんね。「刹」はお寺という意味です。これもなぞっておきましょう。観阿弥・世阿弥のような阿弥文化は室町文化では大事なところです。
　足利義政とくれば東求堂同仁斎。「斎」は三斎市や六斎市の「斎」ですよ。書院造も大丈夫ですね。
　お茶は村田珠光・武野紹鷗・千利休という順番がよく問われます。紹鷗の「鷗」は正しく書いておきましょう。近代文学の森鷗外でも使えます。
　室町時代最大の学者は一条兼良。難関私大が大好きな源氏物語研究が『花鳥余情』。このあたりは漢字としてはさほど難しいものではありません。いや，難しいかな。『樵談治要』の「樵」はきこりという意味です。「きこりのおじさんの政治についての話」という意味ですよね。

一条兼良の子が奈良興福寺の大乗院の院主，尋尊。尋尊も書けた方がいいと思います。『大乗院日記目録』は正長の土一揆の史料の出典として有名です。
　二条良基が連歌の地位を確立し，**宗祇**が正風連歌を確立します。ここから山崎宗鑑の**俳諧連歌**が出ました。山崎宗鑑も書けた方がいいですね。
　応仁の乱後の京都のことを忘れないように。町衆たちは**一向一揆**に対抗するため，**法華一揆**を結んだんだ，ということですね。一揆の「揆」は何度も出てきます。書けますね。
　戦国大名の**分国法**では**塵芥集**の「塵」，これは『梁塵秘抄』で出てきますね。そして「芥」，芥川竜之介の「芥」です。「ちり・あくた」という意味です。〈くさかんむり〉がなくなると国司の次官の「介」になります。**分国法**の問題で一番書かされるのが**喧嘩両成敗法**。「法」はつけてもつけなくてもよろしい。喧嘩は必ず書けるようにしましょう。書けないとホントにまずいのでなぞってください。
　大内義隆・陶晴賢・毛利元就あたりは大丈夫ですか。
　自治的な大都市・貿易都市の堺と博多。博多が**年行司**で堺が**会合衆**。
　さらに中世の都市について。**門前町**で一番よく出るのは長野。こうくれば**善光寺**の**門前町**。そしてのちの大坂城になる摂津の**石山本願寺**などの**寺内町**。ここをしっかり覚えておけば大丈夫です。

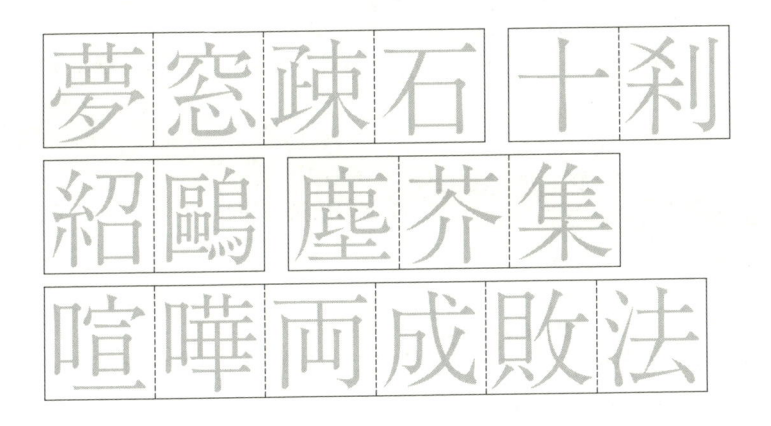

夢窓疎石　十刹

紹鷗　塵芥集

喧嘩両成敗法

第13回　織豊政権〜江戸幕府の成立

　1543年のポルトガル人の種子島漂着事件をきっかけに，キリスト教の布教と[1 なんばん]貿易が始まった。

　1582年の[2 てんしょうけんおうしせつ]は，ヴァリニャーニのすすめによって[3 おおともよし]しげ・[4 ありまはるのぶ]・[5 おおむらすみただ]の3大名の領地の少年がローマ教皇のもとに赴いたものである。

　[6 おだのぶなが]と[7 いっこういっき]との戦いは，11年におよび，[8 けんにょ]を[9 いしやまほんがんじ]から退去させることでようやく決着がついた。

　関白に就任した[10 とよとみひでよし]は，天皇の命と称して[11 そうぶじれい]を発し天下統一事業を進め，さらには[12 じゅらくてい]に[13 ごようぜい]天皇を迎えるなど天皇権威を最大限に利用した。

　[14 たいこうけんち]に加えて，[15 かたながり]・[16 ひとばらいれい]などの政策が加わり，いわゆる兵農分離が完成した。

　[10 ひでよし]はキリシタン大名[5 おおむらすみただ]の，教会への長崎の寄進などをきっかけに，大名のキリスト教入信を許可制にし，さらにはバテレン追放令で宣教師の国外追放を指令した。

　[17 ぶんろくのえき]および[18 けいちょうのえき]，前後7年におよぶ朝鮮への侵略によって[10 とよとみ]政権そのものが衰退することとなっていった。

桃山文化を象徴するのは城郭建築と[19 しょうへきが]の発達であるが，[20 かのう]では[21 かのうえいとく]があらわれてその画法を大成した。

1600年の関ヶ原の戦いに勝った[22 とくがわいえやす]は，1603年[23 せいいたいしょうぐん]の宣下を受け，さらに1605年にはその将軍職を子の[24 とくがわひでただ]に譲り，幕府が世襲政権であることを示そうとした。

南禅寺の[25 こんちいんすうでん]に起草させた最初の[26 ぶけしょはっと]は将軍[24 ひでただ]の名で発布された。3代将軍家光も1635年[26 ぶけしょはっと]を発布したが，ここでは[27 さんきんこうたい]の義務化などが命ぜられた。

徳川幕府は大名の配置にあたって[28 しんぱん]・[29 ふだい]を全国の要地に，有力な[30 とざま]大名を遠隔地に配置することによって支配体制を固めようとした。

幕府の最高職は大老であるが，常置ではなく，通常は[31 ろうじゅう]がその中心を占め，これを[32 わかどしより]が補佐する体制であった。[33 じしゃぶぎょう]・[34 まちぶぎょう]・[35 かんじょうぶぎょう]の三奉行に[31 ろうじゅう]が加わる評定所の会議が，江戸幕府の最重要な機関として機能していった。

近世の村は[36 なぬし]・[37 くみがしら]・[38 ひゃくしょうだい]からなるいわゆる村方三役を中心に，本百姓が参加して自治的に運営された。

江戸幕府の直轄都市の中では，江戸・[39 おおさか]・京都の[40 さんと]が重視された。

解答

1　南蛮　　2　天正遣欧使節　　3　大友義鎮　　4　有馬晴信
5　大村純忠　　6　織田信長　　7　一向一揆　　8　顕如
9　石山本願寺　　10　豊臣秀吉　　11　惣無事令　　12　聚楽第
13　後陽成　　14　太閤検地　　15　刀狩　　16　人掃令
17　文禄の役　　18　慶長の役　　19　障壁画　　20　狩野派
21　狩野永徳　　22　徳川家康　　23　征夷大将軍　　24　徳川秀忠
25　金地院崇伝　　26　武家諸法度　　27　参勤交代　　28　親藩
29　譜代　　30　外様　　31　老中　　32　若年寄
33　寺社奉行　　34　町奉行　　35　勘定奉行　　36　名主
37　組頭　　38　百姓代　　39　大坂　　40　三都

　いよいよ南蛮貿易の開始というところですね。南蛮の「蛮」はもちろん書けますね。
　天正遣欧使節。「遣」は遣隋使，遣唐使の「遣」です。遺跡の「遺」にしてはいけませんよ。　遣欧　遺欧（×）
　織田信長はみんな知っていますね。一向一揆は一揆の「揆」，もう大丈夫ですね。石山本願寺の当時の法主は顕如。顕微鏡の「顕」ですよ。
　そして秀吉の天下統一の過程で，近年注目されているのが惣無事というやつ。法律としては惣無事令でいいでしょう。惣領制の「惣」で，総合的の「総」ではありませんよ。聚楽第の「聚」は集めるという意味です。菅原道真の『類聚国史』，類聚三代格の「聚」。この字はぜひ何度も練習しておきましょう。一緒になぞってみましょう。後陽成天皇の前は正親町天皇です。
　太閤というのは秀吉だけをさすわけではありません。前関白や太政大臣のことです。しかし太閤検地と言えば秀吉のやった検地。内閣の「閣」を書かないこと。それから「太」と点を打つことを忘れないこと。　太閤　大閣（×）
　文禄の役の「禄」に記録の「録」をあてはめないように。同じ「ろく」でも案外まちがえやすいものです。　文禄　文録（×）
　障壁画，狩野永徳，家康，秀忠は問題なく書いてもらわなければなりません。
　南禅寺の金地院崇伝。正確に言えば以心崇伝です。金地院の「地」は土地の「地」で，「池」ではありません。崇伝の「崇」は崇徳上皇の「崇」です。神社や

神を敬う「崇」。崇伝 ~~祟伝~~

　親藩・**譜代**・**外様**は小・中学校以来のおなじみですね。

　近世の農村の定番商品で地方三役，村方三役です。**名主**・**組頭**・**百姓代**，そして本百姓。

　江戸・**大坂**・京都の**三都**。大坂の「坂」は〈つちへん〉です。現在の〈こざとへん〉は近代になってからです。

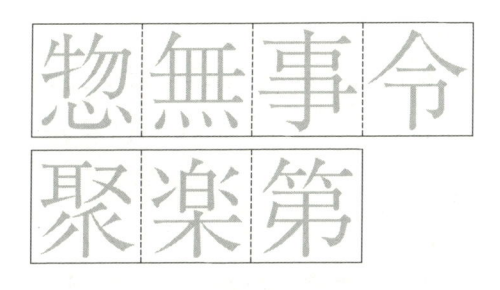

惣無事令
聚楽第

おだのぶなが　　とよとみひでよし　　とくがわいえやす

第14回　江戸初期の外交〜寛永期の文化

　￼1とくがわいえやす￼は￼2たなかしょうすけ￼をノビスパンへ派遣し、仙台藩主￼3だてまさむね￼が家臣￼4はせくらつねなが￼をスペインへ派遣することを許した。一方では生糸貿易を統制するため￼5いとわっぷせいど￼を設けた。

　幕府は1612年直轄領に禁教令を、さらに翌年にはこれを全国におよぼしたが、禁教の命に従わなかった播磨国明石城の元城主￼6たかやまうこん￼を含む300人をマニラ・マカオに追放した。

　￼7きんちゅうならびにくげしょはっと￼に定められた￼8しえ￼勅許の制限をめぐって、幕府に抗議した沢庵が処罰された。この￼8しえ￼事件を契機に、￼9ごみずのお￼天皇は幕府にことわりなく突然譲位し、￼10とくがわひでただ￼の孫にあたる明正天皇が即位することとなった。

　1633年幕府は￼11ほうしょせん￼以外の海外渡航を禁止し、1635年には日本人の海外渡航を全面禁止したが、さらに￼12しまばら￼の￼らん￼後、1639年にはポルトガル船の来航を禁止するに至った。

　1609年李氏朝鮮との間で￼13きゆうやくじょう￼が結ばれて、釜山に￼14わかん￼が設置され対馬藩￼15そうし￼がその特権を認められて、貿易関係が始まった。

　￼16りゅうきゅう￼王国は1609年￼17さつま￼の島津家久軍によって征服され、以後￼17さつま￼藩と中国とに両属するという関係を強いられることとなった。

　近世初期には建築では神社建築に￼18ごんげんづくり￼が広く用いられ、絵画では￼19かのう￼

[　探幽　]が幕府の御用絵師として活躍した。また京都には[　俵屋宗達　]があらわれ装飾画に新様式を生みだし，[　本阿弥光悦　]は洛北鷹ヶ峰を家康から与えられ，多方面に才能を発揮した。

文芸においては[　御伽草子　]のあとをうけた[　仮名草子　]があらわれ，通俗的な道徳や教訓を主とした作品が作られていった。

1651年4代将軍徳川家綱の頃から，幕府は文治政治に転換した。代表的な政策としては，[　末期養子　]の禁止の緩和や，[　殉死　]の禁止などがある。

文治政治への転換に前後して，徳川家光の弟[　保科正之　]による[　山崎闇斎　]の招へい，岡山藩主池田光政による[　熊沢蕃山　]の登用，あるいは藩学[　花畠教場　]・郷学[　閑谷学校　]の設置など，学問を重視する大名が増えていった。

三家水戸の[　徳川光圀　]は江戸に[　彰考館　]を設けて『大日本史』の編纂を始めたが，これに協力したのは明から亡命した朱舜水であった。また最大の外様大名，加賀藩の[　前田綱紀　]も朱子学者[　木下順庵　]を招くなど学問の興隆に尽力した。

解答

1 徳川家康　2 田中勝介　3 伊達政宗　4 支倉常長
5 糸割符制度　6 高山右近　7 禁中並公家諸法度
8 紫衣　9 後水尾　10 徳川秀忠　11 奉書船
12 島原の乱　13 己酉約条　14 倭館　15 宗氏　16 琉球
17 薩摩　18 権現造　19 狩野探幽　20 俵屋宗達
21 本阿弥光悦　22 御伽草子　23 仮名草子　24 末期養子
25 殉死　26 保科正之　27 山崎闇斎　28 熊沢蕃山
29 花畠教場　30 閑谷学校　31 徳川光圀　32 彰考館
33 前田綱紀　34 木下順庵

　田中勝介の「介」。「すけ」という字はこれまでに何度も出ています。赤松満祐の「祐」は〈しめすへん〉のものでした。田中勝介の「介」は国司の次官の「介」の方で、「助ける」の方ではありません。伊達政宗は読めればOK。

　紫衣事件の「紫」。まさか「おじいさんは山に柴刈りに…」の「柴」を書いていませんよね。かつて源氏物語の紫式部を「柴式部」と書いていた人がいました。後水尾天皇は読み方に注意しましょう。

　干支が出てきます。中国的な年の数え方で、己酉約条。この「己」は自己の「己」で、「すでに」の意味の「已」や「へび」の「巳」ではありません。「酉」はもちろん「西」ではありません。対馬藩の宗氏の「宗」。まちがえて中国の王朝名の「宋」を書いていないでしょうね。薩摩藩の「薩」。正しい字と略字とありますが、ふつうは略字でいいでしょう。

　狩野探幽の「探」。何度か出てきた字ですね。六波羅探題の「探」です。「探る」という意味です。〈さんずい〉にすると「深」になってしまいます。本阿弥光悦は易しい字ですけれども、案外まちがえます。入試でキーワードは常に「洛北鷹ヶ峯」で、こちらはあまり書かされることはありません。光悦は万能の芸術家です。

　御伽草子・仮名草子。草子の「子」を「紙」としないこと。

草子 草紙(×)

　文治政治といえば，末期養子の禁止の緩和や殉死の禁止が定番です。末期の「期」は読み方がわかれば大丈夫です。すでに「一期分」というのが出てきました。死に際の「末期」，その「養子」です。殉死を読めない人はいないでしょうが，書こうとしてちょっと迷うかもしれない。必ず一度書いてみましょう。
　山崎闇斎の「斎」は正確に。熊沢蕃山の「蕃」を南蛮貿易の「蛮」とまちがえないように。花畠教場の「畠」は室町幕府の畠山氏の「畠」と一緒です。〈ひへん〉の「畑」と書かないこと。閑谷学校の「閑」は閑静の「閑」。「のどかな谷」です。ふだんあまり使いませんから，読み方と一緒に覚えましょう。

闇斎　闇斉(×)　蕃山　蛮山(×)

　前の関白や太政大臣が太閤でしたね。黄門というと水戸黄門でしょうが，中納言のことを黄門と言います。その黄門が光圀公ですね。この「圀」ですが，ふつう使う「国」の字を，唐の則天武后が嫌って，新しく作らせた文字だそうです。これを光圀公はわざわざ使ったわけですね。彰考館といえば『大日本史』ですが，水戸の弘道館と区別すること。彰考館の「考」を親孝行の「孝」としないこと。前田綱紀の「綱」を「網（あみ）」にしないこと。「紀」は日本書紀の「紀」です。

綱紀　網紀(×)

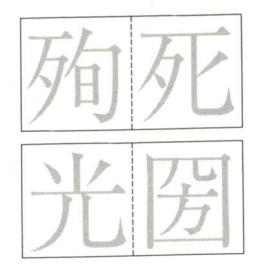

殉死
光圀

第15回　幕政の安定

5代将軍 [とくがわつなよし]₁ は，[ぶけしょはっと]₂ において [ぶんぶちゅうこう]₃ を励まし，礼儀を正すべきことを強調し，[はやしのぶあつ]₄（[ほうこう]₅）を大学頭に任じ，湯島聖堂を建てるなど儒教を重視する政策をとった。

[しょうるいあわれみの]₆[れい] は庶民に大いに迷惑をかけた悪法の代表とされるが，一方では「かぶき者」などの戦国の遺風（野蛮な風）を断つことにもなったと評価されている。

元禄期になると幕府財政は破綻し，財政難を補うために勘定吟味役 [おぎわらしげひで]₇ の建策によって元禄金銀と呼ばれる貨幣改鋳が行われた。

6代将軍家宣・7代徳川家継の時期には [あらいはくせき]₈ が [そばようにん]₉ の [まなべあきふさ]₁₀ とともに将軍を補佐し，朱子学に基づく政治を推進していった。

正徳の治では [かんいんのみや]₁₁ 家の創設を認めて，天皇家との融和をはかった。また [ちょうせんつうしんし]₁₂ の待遇を簡素化し，将軍の呼称を「日本国王」と改めさせるなどした。

長崎貿易では金銀の流出を防ぐために，貿易額を制限する [かいはくごししん]₁₃[れい] が発せられた。

17世紀の [みやざきやすさだ]₁₄ の『農業全書』は最初の本格的な農書であるが，その後，発展した農業を受けて19世紀の初めには [おおくらながつね]₁₅ の『[のうぐべんりろん]₁₆』『[こうえきこくさんこう]₁₇』などが刊行された。

全国物資の流通にとって決定的だったのは海上交通（水上交通）の発達であるが，東廻り・西廻り航路を整備したのは江戸の商人 [18 かわむらずいけん]，河川交通の発達に寄与したのは [19 すみのくらりょうい] である。

大坂から江戸に下り物を運ぶ [20 なんかいろ] では，17世紀前半から [21 ひがきかいせん] がその主力であったが，やがて18世紀前半には [22 たるかいせん] が登場した。

[20 なんかいろ] によって結ばれた江戸・大坂には，江戸の [23 とくみどいや]，大坂の [24 にじゅうよくみどいや] が成立した。

金貨は [25 りょう・ぶ・しゅ] の四進法の単位をもつ計数貨幣であるが，銀貨は重さで使う [26 しょうりょうかへい] であった。

江戸中心の経済では [27 きんづか] い，西日本・大坂中心では [28 ぎんづか] いの経済であり，全国的な貨幣流通という点では大きな障害があった。この金・銀貨の交換のために発達したのが，[29 ほんりょうがえ] と呼ばれる金融業者である。

全国を流通した物資は，幕府や藩などの年貢物を中心とする [30 くらもの] と，民間レベルで流通網に乗った [31 なやもの] の別があった。

解答

1	徳川綱吉	2	武家諸法度	3	文武忠孝	4	林信篤
5	鳳岡	6	生類憐みの令	7	荻原重秀	8	新井白石
9	側用人	10	間部詮房	11	閑院宮	12	朝鮮通信使
13	海舶互市新例	14	宮崎安貞	15	大蔵永常		
16	農具便利論	17	広益国産考	18	河村瑞賢	19	角倉了以
20	南海路	21	菱垣廻船	22	樽廻船	23	十組問屋
24	二十四組問屋	25	両・分・朱	26	秤量貨幣	27	金遣い
28	銀遣い	29	本両替	30	蔵物	31	納屋物

　文武忠孝の「孝」。こちらは「考」えるではありませんね。**林信篤**の「篤」は「竹」に「馬」です。
　よく出るんだけれども案外書けない，犬など動物を大切にしましょう，の**生類憐みの令**の「憐」。これは一度なぞっておいた方がよいでしょうね。〈こざとへん〉にすると「隣」になってしまいます。
　貨幣改鋳とくれば勘定吟味役で**荻原重秀**。この「荻」を長州藩の城下町「萩」と書かないこと。
　間部詮房は読み方を正しく覚えましょう。
　閑院宮家。さっき出てきたばかりです。閑谷学校の「閑」ですよ。
　正徳の治の貿易統制令が**海舶互市新例**。互市というのは貿易のことです。互いにものを買ったり売ったりする。注意するのは新例の「例」です。**生類憐みの令**は命令の「令」ですが，こちらは「例えば」の「例」。実は両方とも法律という意味ですが，教科書に合わせて「れい」の字の使い分けは正しくやっておきましょう。見て何となく落ち着く漢字，として覚えてしまいましょう。
　河村瑞賢の「瑞」を「端」としてしまわないこと。
　流通では**菱垣廻船・樽廻船**が定番です。
　十組問屋・二十四組問屋も，江戸と大坂の区別で差がつくところです。書き取りとしてはやさしいですね。
　そこで貨幣制度。**両・分・朱**の三貨ですが，案外忘れてしまう人がいます。金貨ですね。そして銀貨は秤で量って，重さで使います。秤のことを「しょう」と言います。だから「しょうりょうかへい」。昔からまちがった読み方で「ひょうりょう」と読むことがありますが，「しょうりょう」と正しく読めるようにしま

しょう。一応なぞって書いておきましょう。
　蔵物の「くら」は「倉」ではなく，〈くさかんむり〉の方です。

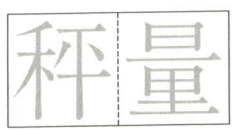

蔵物　~~倉物~~

憐み　秤量

近世農具の名称

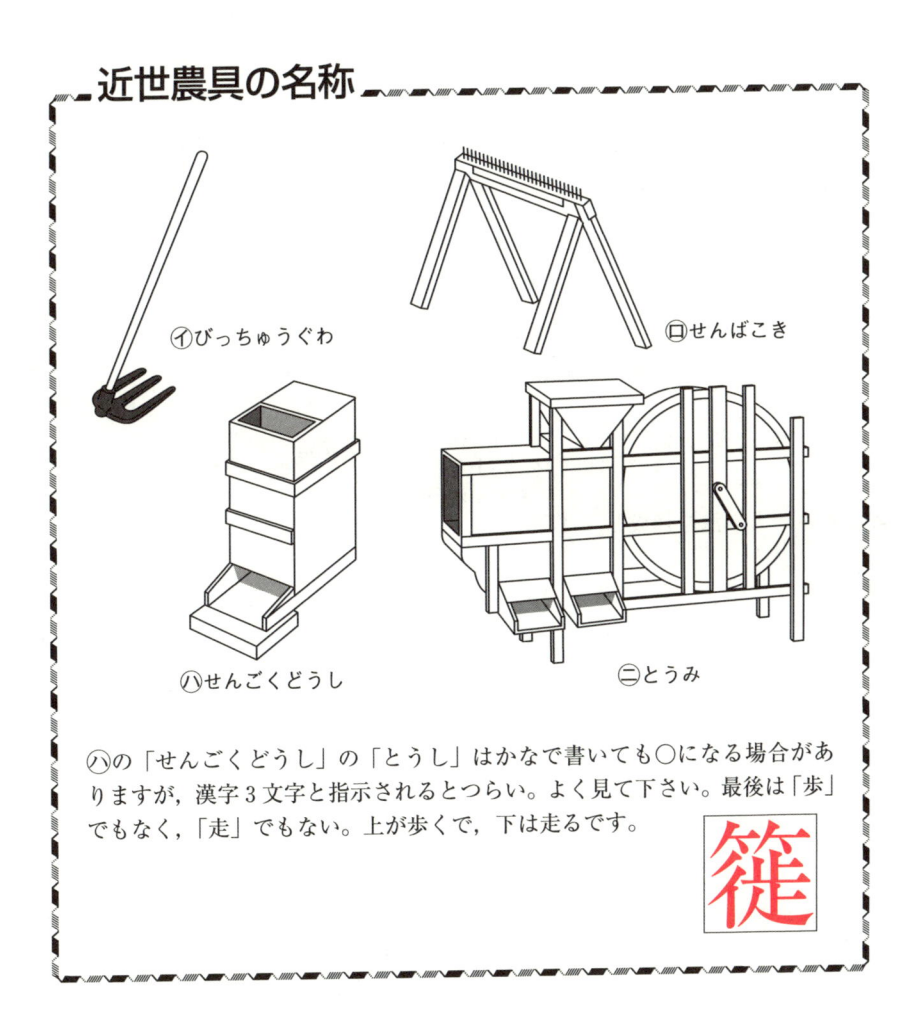

　㋑びっちゅうぐわ
　㋺せんばこき
　㋩せんごくどうし
　㊁とうみ

　㋩の「せんごくどうし」の「とうし」はかなで書いても○になる場合がありますが，漢字3文字と指示されるとつらい。よく見て下さい。最後は「歩」でもなく，「走」でもない。上が歩くで，下は走るです。

筵

第16回　元禄文化・享保改革

元禄文化を代表する[1 いはらさいかく]は『好色一代男』などの好色物，さらに武家物，『[2 にっぽんえいたいぐら]』『世間胸算用』などの町人物ですぐれた作品を発表した。[3 ちかまつもんざえもん]は『[4 そねざきしんじゅう]』などその時代の出来事に題材をとった[5 せわもの]で名を上げ，さらに時代物と呼ばれる『[6 こくせんやかっせん]』などで名作を発表していった。また[7 まつおばしょう]は，幽玄閑寂を主とする俳諧を確立し，『奥の細道』などの紀行文も残した。

歌舞伎の発達も著しく，江戸では[8 あらごと]で有名な初代[9 いちかわだんじゅうろう]，上方では[10 わごと]を得意とする[11 さかたとうじゅうろう]，女形の名優芳沢あやめが出た。

陽明学者[12 なかえとうじゅ]の門人[13 くまざわばんざん]は，下総の古河に幽閉され，古学派の[14 やまがそこう]も播磨の赤穂に流された。

古学派の[15 いとうじんさい]の影響を受けた[16 おぎゅうそらい]は，やがて古文辞学派と呼ばれる一大学派を形成し，江戸に[17 けんえんじゅく]を開いた。

[18 あらいはくせき]の歴史書『[19 とくしよろん]』は九変五変論と呼ばれる独自の時代区分で有名である。

幕府の碁所の[20 しぶかわしゅんかい]（[21 やすいさんてつ]）はそれまでの暦の誤りを正すため，元の授時暦をもとに日本独自の[22 じょうきょうれき]を完成させた。

元禄期の美術では，陶芸の[23 ののむらにんせい]あるいは[24 おがたけんざん]，また蒔絵では[24 けんざん]の兄[25 おがたこうりん]，さらに染物では[26 みやざきゆうぜん]のみごとな意匠が

8代 **徳川吉宗** による享保の改革は，上げ米の実施，**定免法** の採用と年貢率の引き上げ，さらに町人の資本を利用した新田開発，殖産興業策などにより財政再建をめざした。

目安箱 を設け，庶民の意見を聞き，実施された成果としては **小石川養生所** の新設などがある。また初めての法令集 **公事方御定書** がまとめられた。

吉宗 は強力な政治を進めるために，金銀の貸借にかかわる訴訟などを受理しない **相対済し令** を出した。

近世の百姓一揆は，早い段階の **代表越訴型一揆** から，17世紀末以降は広域にわたる大規模な **惣百姓一揆** が一般化した。また都市における打ちこわしも増加していったが，1732年の享保の **飢饉** を契機に，翌年には江戸でも最初の大規模な打ちこわしが起こっている。

解答

1 井原西鶴　2 日本永代蔵　3 近松門左衛門
4 曽根崎心中　5 世話物　6 国性(姓)爺合戦　7 松尾芭蕉
8 荒事　9 市川団十郎　10 和事　11 坂田藤十郎
12 中江藤樹　13 熊沢蕃山　14 山鹿素行　15 伊藤仁斎
16 荻生徂徠　17 蘐園塾　18 新井白石　19 読史余論
20 渋川春海　21 安井算哲　22 貞享暦　23 野々村仁清
24 尾形乾山　25 尾形光琳　26 宮崎友禅　27 徳川吉宗
28 定免法　29 目安箱　30 小石川養生所　31 公事方御定書
32 相対済し令　33 代表越訴型一揆　34 惣百姓一揆　35 飢饉

　文化史で作品名・人名を書かせるのは難関大の特徴ですが、一般にも超有名人は書けなければいけません。井原西鶴。実際、模擬試験で書かせると案外できない人が多い。これは典型的な、読めるけど書けない字ですね。『日本永代蔵』の「蔵」は蔵物の「蔵」です。『曽根崎心中』くらいは書けるようにしておきましょう。そして何といっても明から清へ、中国の王朝交代、鄭成功の物語ということで、『国性爺合戦』も書けた方がいいでしょう。ここで「性」は姓名の「姓」という意味なので、どちらの文字を使ってもかまいません。難しいのは「爺」でしょうね。一度なぞっておきましょう。松尾芭蕉。誰でも知っていますね。でも書こうと思って「？」ということにならないように。

　熊沢蕃山は2度目ですよ。「蕃」は〈くさかんむり〉になっていますか。

　荻生徂徠の「荻」。「萩」になっていないですね。徂徠はすぐになぞってみて、何回も書いておぼえましょう。そしてもう一つなぞりましょう。徂徠とくれば私塾の名前、蘐園塾。ふだん全くと言ってもいいくらい書きません。ここでしっかり覚えてしまってください。

荻生　荻生（×）

　尾形乾山・光琳で、尾形の「形」を「方」としたら×。「形」ですよ。

尾形　尾方（×）

　徳川吉宗に関係するところは、割と漢字は易しい。小石川養生所。病気の養生、治療という意味ですね。公事方御定書は読めればOKのものです。

　惣百姓一揆。「惣」は「物」に「心」。総合力の「総」などを書かないように。だいぶ繰り返しになってきましたね。鎌倉幕府の御家人たちは惣領と庶子で団結。中世の農民の村落における団結で惣。豊臣秀吉の停戦命令を惣無事令。そして惣

百姓一揆。ずいぶん日本史ではよく出てくる漢字だということがわかったでしょう。**飢饉**という字は読めるけど書けないということがあります。一度なぞっておきましょう。

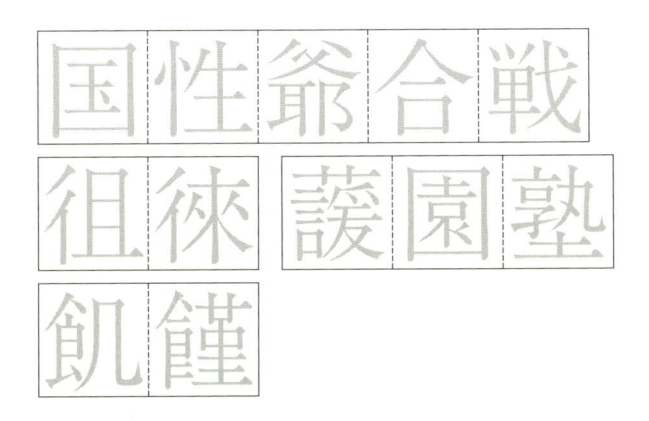

国性爺合戦
徂徠 護園塾
飢饉

いちかわだんじゅうろう

あらごと

第17回　田沼期〜大御所時代

　10代将軍徳川家治の時期には，[そばようにん]から老中に登った[たぬまおきつぐ]が政治の実権を握った。[たぬま]は，商業を重視し，株仲間の公認を広範に認め，[うん][じょう]・[みょうが]などの増収をめざした。

　[たぬま]の時期には金銀貨の統一が試みられ，定量計数貨幣である[なんりょう][に][しゅぎん]という金貨の単位を表示した銀貨が発行された。

　奥州白河藩主[まつだいらさだのぶ]が老中として主導した寛政の改革の最大目標は，天明の大[ききん]からの社会の復興であった。そのため凶作に備えて[かこいまい]と呼ばれる政策が実施された。

　寛政の改革では[きゅうりきのうれい]や，石川島の[にんそくよせば]の設置，また[しち][ぶつみきん]などの農村・都市対策が講じられていった。

　幕府は[かんせいいがく]の[きん]を発し，[しゃれぼん]の[さんとうきょうでん]，[きびょうし]の[こいかわはるまち]，出版元の[つたやじゅうざぶろう]を処罰するなど，学問や文学に厳しい統制を加えた。

　名君と呼ばれる熊本の[ほそかわしげかた]，米沢の[うえすぎはるのり]，秋田の[さたけよし][まさ]らは特産物の奨励や藩学の設立などの施策で成果を上げた。

　1792年，ロシア使節ラクスマンが，伊勢の漂流漁民[だいこくやこうだゆう]をともなって根室に来航し，通商を求めた。

ゴローウニン事件が淡路出身の商人[22 たかだやかへえ]の努力によって決着がついた後、幕府は強硬な[23 むにねんうちはらいれい]を1825年に出している。

[24 わたなべかざん]は『[25 しんきろん]』で、[26 たかのちょうえい]は『[27 ぼじゅつゆめものがたり]』でモリソン号打払いを批判したため処罰された。これが[28 ばんしゃ]の[ごく]とよばれる弾圧事件である。

19世紀に入って幕府は[29 かんとうとりしまりしゅつやく]をもうけ、寄場組合と呼ばれる組織を作らせて治安対策を強化したが、幕領（天領）でも大規模な一揆が生じ、さらに大坂町奉行元与力の[30 おおしおへいはちろう]が反乱を企てるなど幕府支配は弛緩していった。

大御所[31 とくがわいえなり]が死ぬと、老中[32 みずのただくに]を中心に天保の改革が行われ、厳しい[33 けんやくれい]などで幕政は引き締まっていったが、人返しの法や株仲間解散令は効果を上げず、[34 じょうちれい]に対する反発から[32 みずの]は失脚してしまった。

江戸後期には鹿児島（[35 さつま]）藩などで藩政改革が成功していったが、その際注目されるのは萩（長州）藩の[36 むらたせいふう]、[35 さつま]藩の[37 ずしょひろさと]など下級の家臣から登用された有能な人物たちの活躍である。

佐賀藩では藩主[38 なべしまなおまさ]が自ら均田制などを実施し、藩権力の強化に成功した。

解答

1	側用人	2	田沼意次	3	運上	4	冥加
5	南鐐弐朱銀	6	松平定信	7	飢饉	8	囲米
9	旧里帰農令	10	人足寄場	11	七分積金		
12	寛政異学の禁	13	洒落本	14	山東京伝	15	黄表紙
16	恋川春町	17	蔦屋重三郎	18	細川重賢	19	上杉治憲
20	佐竹義和	21	大黒屋光太夫	22	高田屋嘉兵衛		
23	無二念打払令	24	渡辺崋山	25	慎機論	26	高野長英
27	戊戌夢物語	28	蛮社の獄	29	関東取締出役		
30	大塩平八郎	31	徳川家斉	32	水野忠邦	33	倹約令
34	上知令	35	薩摩	36	村田清風	37	調所広郷
38	鍋島直正						

　側用人は読み方を確認しておいてくださいね。田沼意次の「次」という字は人名によく出てきます。冥加の「冥」は上に点を打たないように。
　田沼意次とくると、秤量貨幣であった銀貨に単位をつけて計数貨幣、定量貨幣の南鐐弐朱銀は定番でしょう。「弐」には難しい字「貳」もありますが、教科書に合わせて「弐」。これも練習しておきましょう。「鐐」は上質の銀という意味です。なぞって、一度ではなく数回は繰り返し書いておいてください。
　そして、予備校の先生が必ず大きな声で言うのが出てきました。洒落本の「洒」を「酒」にしてはダメ。シャレにならない。蔦屋重三郎の「蔦」はちょっと難しいですね。せっかく漢字練習をしているのですから、これもなぞって、書けるようにしてください。　洒落本　酒落本（×）
　秋田の佐竹義和。よく出てくる人物です。読み方は「よしかず」ではなく、「よしまさ」です。
　さて、大黒屋光太夫。「光」は幸福の「幸」でもかまいませんが、こういう場合、教科書に準拠しておくのが無難ということでしょう。
　渡辺崋山の『慎機論』。モリソン号事件での幕府の態度を非難した本で、崋山は処罰されるわけです。崋山の「崋」、先生は必ず言いますね。「中華料理の華じゃないよ、〈くさかんむり〉じゃないよ、上は『山』ですよ」。中華料理といえば、本場中国で中華料理を食べると、時々まったくわからない食材が出てきます。ということで、「中華料理を食べる時は慎重に」と、渡辺崋山と『慎機論』をつな

いで教えたりします。こうやって覚えておくと，高野長英の方が『戊戌夢物語』だと区別できます。また戊戌というのも難しいですね。よく似た字ですね。なぞってみましょう。蛮社の獄の「蛮」は南蛮人の「蛮」で，熊沢蕃山の「蕃」ではありませんよ。崋山 華山 蛮社 蕃社

　漢字は易しいのですが，注意するものが出てきました。倹約令。いわゆる三大改革に共通する政策というと，倹約令しかありません。その「倹」，太閤検地の〈きへん〉の「検」ではなく，〈にんべん〉であることに注意してください。

倹約 検約

　雄藩の台頭もよく出題されるのに忘れやすいテーマです。調所広郷や鍋島直正は読み方にも注意しましょう。

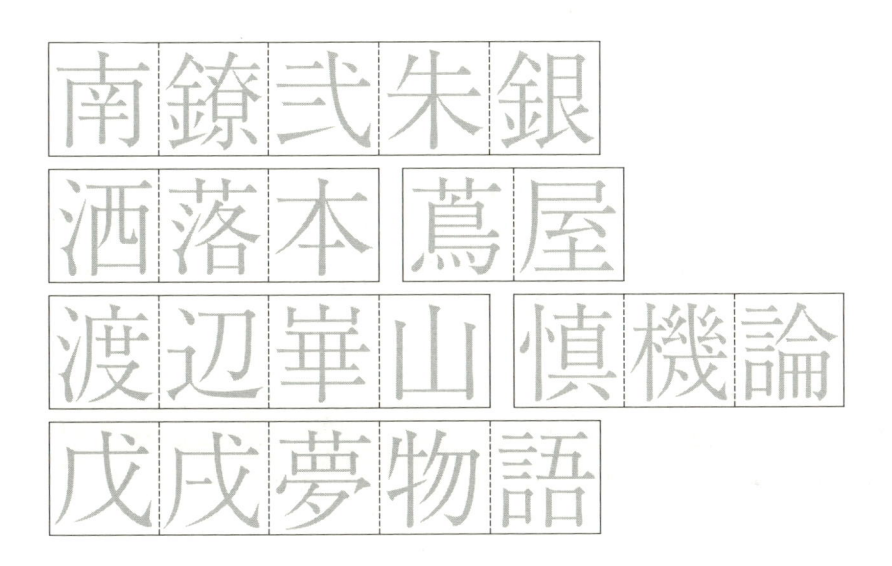

南鐐弐朱銀
洒落本　蔦屋
渡辺崋山　慎機論
戊戌夢物語

第18回　化政文化

越後の［^1すずきぼくし］が雪国の自然や生活を紹介した『［^2ほくえつせっぷ］』，また三河の国学者［^3すがえますみ］の東北旅行に基づく『［^4すがえますみゆうらんき］』などが注目されている。

［^5しきていさんば］や［^6じっぺんしゃいっく］の［^7こっけいぼん］，［^8にんじょうぼん］が人気を博したが，天保の改革期には［^9ためながしゅんすい］が処罰を受けた。

歴史・伝説を題材とする読本では，［^10うえだあきなり］のあと［^11たきざわばきん］が出て評判を博した。

俳諧では［^12よさぶそん］が，さらに［^13こばやしいっさ］があらわれて，庶民的で平易な生活感情に即した秀作を残した。また，批判的精神を代表するものに，柄井川柳らを選者とする川柳や，［^14おおたなんぽ］（［^15しょくさんじん］）らの狂歌がある。

国学は［^16かだのあずままろ］，その門人の［^17かものまぶち］を経て［^18もとおりのりなが］によって大成された。宣長の没後の門人と称する［^19ひらたあつたね］はやがて神道と国学を結びつけ，［^20ふっこしんとう］を唱え，幕末の［^21そんのうじょういろん］に影響を与えた。

和学では［^22はなわほきいち］が和学講談所を設け，失われていく古典の収集・保存に尽力し，それを『［^23ぐんしょるいじゅう］』として刊行した。

［^24まえのりょうたく］・［^25すぎたげんぱく］らによる『［^26かいたいしんしょ］』の成立によって［^27らんがく］が確立されたが，やがて『［^28らんがくかいてい］』を［^29おおつきげんたく］が，『ハルマ和解』を［^30いなむらさんぱく］が著し，普及の道が開かれていった。

高橋至時は西洋天文学を取り入れて[31 かんせいれき]を完成させ，地理学では[23 いのう ただたか]による全国の実測に基づく『[33 だいにほんえんかいよちぜんず]』が作成された。

洋学ではドイツ人シーボルトが長崎郊外に開いた[34 なるたきじゅく]，[35 おがたこうあん]の開いた大坂の[36 てきじゅく]が多くの人材を育成していった。

奥州八戸の医者[37 あんどうしょうえき]の『[38 しぜんしんえいどう]』は万人直耕の自然世を理想とする主張で注目されている。

[39 だいしゅんだい]以降，[40 かいほせいりょう]・[41 さとうのぶひろ]らが商業重視あるいは海外交易などを主張する[42 けいせいろん]で注目を浴びた。

[43 ふじたゆうこく]，その弟子[44 あいざわやすし]らを中心とする後期水戸学が発達し，[21 そんのうじょういろん]に大きな影響を与えた。

18世紀半ばの[45 すずきはるのぶ]による[46 にしきえ]の技法の完成をうけ，寛政期には美人画の[47 きたがわうたまろ]，役者絵・相撲絵で有名な[48 とうしゅうさいしゃらく]，そして天保期以降になると，風景画で有名な[49 かつしかほくさい]・[50 うたがわひろしげ]らがあらわれた。

『東海道四谷怪談』で有名な[51 つるやなんぼく]があらわれ，さらに幕末から明治にかけては[52 かわたけもくあみ]が多くの作品を生み出したが，なかでも盗賊などを主人公とする[53 しらなみもの]は評判をよんだ。

解答

1	鈴木牧之	2	北越雪譜	3	菅江真澄
4	菅江真澄遊覧記	5	式亭三馬	6	十返舎一九
7	滑稽本	8	人情本	9	為永春水	10	上田秋成
11	滝沢馬琴	12	与謝蕪村	13	小林一茶	14	大田南畝
15	蜀山人	16	荷田春満	17	賀茂真淵	18	本居宣長
19	平田篤胤	20	復古神道	21	尊王攘夷論	22	塙保己一
23	群書類従	24	前野良沢	25	杉田玄白	26	解体新書
27	蘭学	28	蘭学階梯	29	大槻玄沢	30	稲村三伯
31	寛政暦	32	伊能忠敬	33	大日本沿海輿地全図
34	鳴滝塾	35	緒方洪庵	36	適塾	37	安藤昌益
38	自然真営道	39	太宰春台	40	海保青陵	41	佐藤信淵
42	経世論	43	藤田幽谷	44	会沢安	45	鈴木春信
46	錦絵	47	喜多川歌麿	48	東洲斎写楽	49	葛飾北斎
50	歌川広重	51	鶴屋南北	52	河竹黙阿弥	53	白浪物

　近世文化は入試の焦点です。とくに難関大の好きな**鈴木牧之**。読み方「ぼくし」を覚えておきましょう。**菅江真澄**の「菅」は〈くさかんむり〉です。

　滑稽本の「稽」。稽古談, 稽古堂というふうによく使いますから, 必ず正確に書けるようにしておいてください。

　国学関係では**賀茂真淵**の「賀」, 下に「見る」のある方です。**平田篤胤**の「篤」は林信篤のところで出てきましたね。**尊王攘夷論**の「攘」も必ず一度なぞってみてください。

　塙保己一。パッと見ると簡単そうですが,「己」は似た字があります。干支の「巳」は上がくっつくというのはやりましたよ。途中で止めると「已」。「すでに」「やめる」というやつですね。そして自己の「己」は下で止まったもの。十干と十二支に「巳」と「己」があるものだから余計にややこしいです。必ず正確に覚えましょう。『**群書類従**』はよくまちがえます。「従」はこれまで何度も出てきた「聚」とまちがえるのです。もちろん「群」を「郡」にしてはだめです。

　稲村三伯の「伯」には〈にんべん〉を忘れないように。

伊能忠敬の『大日本沿海輿地全図』は「輿」の字。中世の座で四府駕輿丁座というのが出てきましたね。書けると差がつくものです。

鳴滝塾，適塾の「塾」。河合塾の生徒は知っているに決まっていますが，けっこう書けないことがあるので注意しましょう。「柿が熟す」などの「熟」を書く人，いるでしょう。「おがた」は光琳なら「尾形」ですが，洪庵は「緒方」。絶対に一度書いておくこと。

太宰春台の「太」には点を打つ。ところが古代の大宰府の「大」は点を打たない。まちがえないでください。

葛飾北斎の「葛」もなぞっておきましょう。

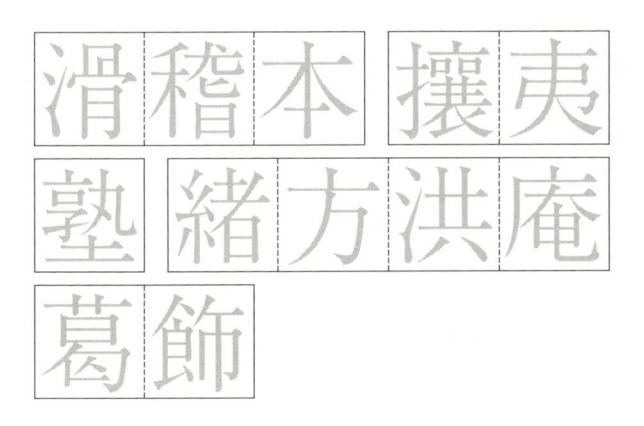

さらに，これはできない人が多いのに，よく出題される白浪物。ねずみ小僧など泥棒を主人公とするやつですね。今で言う『ルパン三世』。「浪」を「波」とまちがえないように。

第19回　開国〜幕府の滅亡

　1853年アメリカ東インド艦隊司令長官ペリーの来航を受け、国書を受け取った幕府は、翌年その軍事力に屈して　1[にちべいわしんじょうやく]　　　　　　　を結び、開国に踏み切った。

　アメリカ総領事ハリスはアロー号事件などを背景として通商を要求した。しかし、2[ほったまさよし]　　　　　は天皇の許可を得ることに失敗、失脚し、かわった3[いいなおすけ]　　　　のもとでついに勅許のないまま4[にちべいしゅうこうつうしょうじょうやく]　　　　　　　　　　　が調印された。

　4[にちべいしゅうこうつうしょうじょうやく]　　　　　　　　　　　においては、開港場に居留地を設け、居留地内における5[りょうじさいばんけん]　　　　　を認め、さらには関税について6[きょうていかんぜいせい]　　　　　　　をとるなど、同条約は不平等なものとなった。

　7[にちろわしんじょうやく]　　　　　　が結ばれ、下田・8[はこだて]　　　に加えて長崎が開港され、さらに国境について択捉以南を日本、得撫以北の千島列島をロシア領とすること、および9[からふと]　　を両国人雑居とすることが決定されている。

　開港貿易によって物価が上昇したことを理由に、1860年江戸幕府は雑穀・水油・蠟・呉服・生糸の5品目について10[ごひんえどかいそうれい]　　　　　　　を発した。

　第13代将軍徳川家定には跡継ぎがいなかったため、11[しょうぐんけいしもんだい]　　　　　　　　が起こり、12[とくがわよしのぶ]　　　　　を推す一橋派と紀伊藩主13[とくがわよしとみ]　　　　　を推す紀伊派（南紀派）との対立が起こったが、13[よしとみ]　　が11[しょうぐんけいし]　　　　　となり、14代14[とくがわいえもち]　　　　　となった。

桜田門外の変の後，老中安藤信正を中心とする幕府首脳は，孝明天皇の妹 [15 かず]□ を将軍 [14 いえもち]□ の夫人に迎えることを中心とする，いわゆる [16 こうぶがったいうん]□ [どう]□ を進めたが，坂下門外の変で安藤は失脚するに至った。

坂下門外の変の後，島津久光は京都に上り，さらに江戸に下って幕制改革を要求し，その結果 [17 まつだいらよしなが]□ を [18 せいじそうさいしょく]□，[12 とくがわよしのぶ]□ を [19 しょうぐんこうけんしょく]□，さらに会津藩主 [20 まつだいらかたもり]□ を京都守護職とする，いわゆる文久改革が実施された。

[21 なかおかしんたろう]□・[22 さかもとりょうま]□ らの仲介によって薩長連合が成立し，両藩は反幕府の態度を固め，ついに第2次長州戦争では長州藩が幕府軍を圧倒した。幕府は大坂城中で将軍 [14 いえもち]□ が急死すると，この戦闘を自ら中止せざるを得なくなった。

[22 さかもとりょうま]□ と [23 ごとうしょうじろう]□ の案を参考に，土佐の前藩主 [24 やまのうちとよしげ]□ は将軍 [12 よしのぶ]□ に対して大政奉還の上表を朝廷に行うよう進言した。これを受けて [12 よしのぶ]□ は朝廷への政権返上に踏み切った。その結果「倒幕の密勅」は効果を発揮せず，これに反発した薩長側は年末，[25 おうせいふっこ]□ の [だいごうれい]□ を発して天皇政府の体制を固めた。

解答

1 日米和親条約　2 堀田正睦　3 井伊直弼
4 日米修好通商条約　5 領事裁判権　6 協定関税制
7 日露和親条約　8 箱館　9 樺太　10 五品江戸廻送令
11 将軍継嗣問題　12 徳川慶喜　13 徳川慶福　14 徳川家茂
15 和宮　16 公武合体運動　17 松平慶永　18 政事総裁職
19 将軍後見職　20 松平容保　21 中岡慎太郎　22 坂本竜馬
23 後藤象二郎　24 山内豊信　25 王政復古の大号令

いよいよ幕末です。
　堀田正睦の「睦」、〈へん〉は「目」です。「日」ではありません。井伊直弼は誰でも読めますが、書くときに「井」と「伊」をひっくりかえさないようにしましょう。「弼」は書いておきましょう。日米修好通商条約に難しい字はありませんが、「好」を「交」にしないこと。

正睦　正睦✗　井伊　伊井✗　修好　修交✗

　江戸時代まで「はこだて」は〈たけかんむり〉を使う「箱館」で、戊辰戦争が終わってから現在の「函館」になります。樺太もよく出てきます。必ず書けるようにしておいてください。
　五品江戸廻送令の「廻」。1回、2回の「回」でもいいようなものですが、やはり菱垣廻船・樽廻船の「廻」を書くようにしてください。
　徳川慶福は読めれば大丈夫です。
　文久改革の政事総裁職の「事」は、政治の「治」ではありません。しかし、「せいじ」と読むため、意識しておかないとそのまま「政治」と書いてしまいがちです。

政事　政治✗

　後藤象二郎は近代でも出てきます。象二郎の「二」をうっかり「次」としないように。象二郎　象次郎✗

井伊直弼

ここまででほぼ前近代が終わりました。
ここまでがんばった人はそれだけでエライ！
ここまで来ればあとは3分の1。息切れしないように。もっとも，ここまでやって，ますます漢字に不安が増してしまったという人もいるでしょう。しかし，実力は確実についています。ただし1回やって，○×つけて，解説をちょっと読んだというだけではまだ不十分です。ひととおり済んでもまた0に戻ってやってみましょう。

ポイント

帥

107年に遣使した倭国王は……帥升
大宰府の長官は……帥
901年菅原道真は○○○○として左遷……大宰権帥
そして近現代でも……統帥権
というのがありますね。

◆大宰府を太宰府としない
◆菅原道真は菅原道真じゃない

第20回　戊辰戦争〜地租改正

<u>１おうせいふっこ</u>　<u>だいごうれい</u>
[　　　]の[　　　]とともに総裁・議定・参与の三職が置かれ，直後の小御所会議によって<u>２とくがわよしのぶ</u>[　　　]に対して辞官納地を命ずることが決定された。

1868年１月の鳥羽・伏見の戦いに始まる<u>３ぼしんせんそう</u>[　　　]は，翌年５月の<u>４はこだて</u>[　　　]<u>ごりょうかく</u>における旧幕臣<u>５えのもとたけあき</u>[　　　]の降伏によって終結した。

1868年３月には<u>６ごかじょうのせいもん</u>[　　　]が発せられ，庶民に向かっては<u>７ごぼうのけいじ</u>[　　　]が発表されて新政府の最初の方針が示されることとなった。

1869年，<u>８きどたかよし</u>[　　　]・大久保利通らの画策によって薩長土肥４藩主は<u>９はんせきほうかん</u>[　　　]を願い出た。

1871年，薩長土３藩からの<u>10ごしんぺい</u>[　　　]の武力を背景に，政府は一挙に<u>11はいはんちけん</u>[　　　]を断行した。これによって幕藩体制の枠組みが崩れ去った。

士族の解体を受けて，徴兵制がしかれることとなったが，これは長州の<u>12おおむらますじろう</u>[　　　]の構想に基づくもので，その暗殺後，<u>13やまがたありとも</u>[　　　]らによって実現されていった。

徴兵令によれば，戸主・嗣子および代人料270円の納入者など大幅な免役規定が認められていた。のちにこの免役規定は徐々に削減されて，<u>14こくみんかいへい</u>[　　　]に近づいていった。

旧支配者層に対して，1876年，金禄公債証書が与えられ，華・士族に対する経済的な扶助は全廃された。これが[　秩禄処分　]である。

1873年，[　地租改正条例　]が公布され，従来の税制は抜本的に改められ，地価を基準にその3％を金納とする統一税制が導入された。

[　殖産興業　]政策の中心となった[　工部省　]は，1874年の東京・横浜間に始まる鉄道建設や，旧幕府・藩から吸収した鉱山経営などを担当し，1885年役割を終えて廃止されることとなった。

1873年に大久保利通が中心となって設置された[　内務省　]は，内国産業の近代化を推進した。

政府は[　官営模範工場　]を通じて民間の産業近代化の役割を担った。

蝦夷地は北海道と改称され，政府は[　開拓使　]を置いてこれを直轄し，アメリカ式大農場経営の移植をはかるとともに，[　士族授産　]の意味をも含んだ[　屯田兵　]制度という独特の制度が導入された。

1871年，旧来の三貨にかわる新しい貨幣制度として[　新貨条例　]が定められ，円・銭・厘を単位とする十進法が採用され，通貨制度の近代化が断行された。

解答

1. 王政復古の大号令　2. 徳川慶喜　3. 戊辰戦争
4. 箱館五稜郭　5. 榎本武揚　6. 五箇条の誓文　7. 五榜の掲示
8. 木戸孝允　9. 版籍奉還　10. 御親兵　11. 廃藩置県
12. 大村益次郎　13. 山県有朋　14. 国民皆兵　15. 秩禄処分
16. 地租改正条例　17. 殖産興業　18. 工部省　19. 内務省
20. 官営模範工場　21. 開拓使　22. 士族授産　23. 屯田兵
24. 新貨条例

箱館五稜郭の「稜」。仁徳天皇陵などお墓の方の「陵」を書かないように。〈のぎへん〉です。もちろん**箱館**はこの時点では〈たけかんむり〉の方です。**榎本武揚**もよく書かされる字です。「揚」は〈てへん〉です。〈きへん〉の「楊」にまちがえやすいですが、そうなると柳という意味になります。

五榜の掲示。「榜」を〈にんべん〉にすると「傍（かたわら）」になってしまいます。

木戸孝允の「孝」は「考」えるじゃないですよ。そして**版籍奉還**の「籍」。〈くさかんむり〉にすると、中世、刈田狼藉の「藉」になってしまいます。

秩禄処分。これも念のためなぞってみてください。「禄」は記録の「録」、〈かねへん〉ではないということを意識しながら書くことです。

殖産興業。語句としてはよく聞きますが、「殖」が植木の「植」にならないように。「興」も「工」ではありません。「業を興す」という意味ですね。意味を考えながらだと間違えません。

近代になっても条例ということばはよく出てきました。**地租改正条例**, **新貨条例**。〈にんべん〉の「例」ですね。

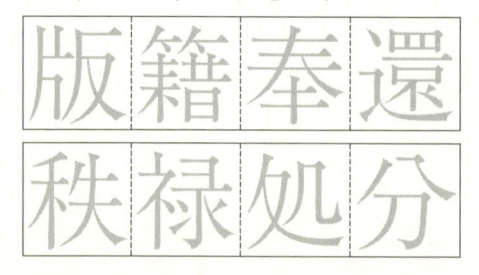

ポイント

〈くさかんむり〉と〈たけかんむり〉の違いはたくさん
出てきましたよ。たとえば,

　　　戸籍・刈田狼藉
　　これを戸藉,狼籍などとしたらタイヘンです。
籍と藉

　◆菅原道真を菅原道真としないこと
　◆愚管抄を愚菅抄としたらアウト
菅と管

梁塵秘抄,塵芥集と「塵」が書けなければならないわけですが,
気を緩めると,

　　　塵芥集

なんて間の抜けたことになってしまいます。
復習の時にもよく注意してください。

第21回　文明開化〜自由民権運動

神道国教化をめざす明治政府は1868年神仏分離令を発し，その結果全国に[1 はい]□□□[ぶつきしゃく]の動きが急激に広まり，1870年には[2 たいきょうせんぷ]□□□□が宣せられた。

[3 もりありのり]□□□□□・[4 ふくざわゆきち]□□□□□□・[5 にしあまね]□□□□・[6 かとうひろゆき]□□□□□□らは明治6年に明六社を組織，翌年から明六雑誌を発行して封建思想の排除を訴えた。

1872年12月3日をもって明治6年元旦とする太陽暦が採用され，それに伴い祝祭日としては，神武天皇即位の日とされた[7 きげんせつ]□□□□や，天皇誕生日である[8 てんちょうせつ]□□□□□が定められ，天皇中心の祝祭日制度が整えられた。

1871年，清国との間ではほぼ対等な[9 にっしんしゅうこうじょうき]□□□□□□□□が結ばれたが，一方で1874年，最初の海外派兵である[10 たいわんしゅっぺい]□□□□□を断行した。

1875年の[11 こうかとうじけん]□□□□□□を契機に，不平等な内容を日本側が押しつけた[12 にっちょうしゅうこうじょうき]□□□□□□□によって，日朝間の国交が実現することとなった。

1872年明治政府によって[13 りゅうきゅう]□□□藩が設置されて[14 しょうたい]□□□は藩王とされ，さらに1879年には沖縄県の設置が強行された。

[15 にちろわしんじょうやく]□□□□□□□□の国境協定を改めたのが1875年の[16 からふとちしまこうかん]□□□□・□□□□□[じょうやく]□□□である。

1873年，岩倉使節団の一行が帰国すると征韓論争が起こり，[17 さいごうたかもり]□□□□□□の朝鮮派遣が中止された結果，留守を預かっていた[17 さいごうたかもり]□□□□□・[18 いたがきたいすけ]□□□□□□

・[¹⁹えとうしんぺい]・[²⁰そえじまたねおみ]らいわゆる征韓派参議はいっせいに下野した。これが明治六年の政変である。

1874年，下野した[¹⁸いたがきたいすけ]らは[²¹みんせんぎいんせつりつけんぱくしょ]を左院に提出し，さらに[¹⁸いたがき]は郷里の土佐に帰り立志社を興すなどした。この結果，西日本を中心に士族結社が誕生し，その代表者たちにより愛国社が結成された。

1875年の[²²おおさかかいぎ]の結果「(漸次)[²³りっけんせいたいじゅりつのしょう]」が出され，[²⁴げんろういん]・大審院が設けられ，地方官会議の開催などが決定された。

1878年，政府はいわゆる三新法で地方行政制度を改変した。三新法とは[²⁵ぐんくちょうそんへんせいほう]・府県会規則・地方税規則をさす。

1880年，愛国社はその名を[²⁶こっかいきせいどうめい]と改め，旧来の士族に豪農層などを加えて国会開設を強く求めた。

1881年，参議[²⁷おおくましげのぶ]が罷免され，[²⁸かいたくしかんゆうぶつはらいさげ]の[けん]の世論の非難に対しては払下げを中止し，さらに天皇の名で明治23年の国会開設を約束する詔が発せられて，[²⁹いとうひろぶみ]たちは難局を乗り切った。

天皇の名で国会開設が約束されると，民間からいわゆる[³⁰しぎけんぽう]が続々と発表された。その代表的なものとしては[³¹こうじゅんしゃ]の「[³⁰しぎけんぽう]案」，最も急進的な[³²うえきえもり]の「東洋大日本国国憲按」などが挙げられる。

解答

1 廃仏毀釈　2 大教宣布　3 森有礼　4 福沢諭吉
5 西周　6 加藤弘之　7 紀元節　8 天長節
9 日清修好条規　10 台湾出兵　11 江華島事件
12 日朝修好条規　13 琉球　14 尚泰　15 日露和親条約
16 樺太・千島交換条約　17 西郷隆盛　18 板垣退助
19 江藤新平　20 副島種臣　21 民撰議院設立建白書
22 大阪会議　23 立憲政体樹立の詔　24 元老院
25 郡区町村編制法　26 国会期成同盟　27 大隈重信
28 開拓使官有物払下げ事件　29 伊藤博文　30 私擬憲法
31 交詢社　32 植木枝盛

　神仏分離令の結果起こった廃仏毀釈の「毀」。一度書いておいてください。「壊す，破壊する」といったような意味です。このような漢字が書けるとかなりレベルアップですね。
　森有礼は読み方をしっかり覚えましょう。明六社でも出てくるし，初代文部大臣としてもよく出題されます。福沢諭吉の「諭」を「論」なんて書いてはいけませんよ。加藤弘之も頻出の人物です。
　日清修好条規の「好」は日朝修好条規も一緒で，「交」ではありません。
　民撰議院設立建白書。この「撰」は完全におなじみの字になりましたね。勅撰和歌集，勅撰漢詩文集，『撰択本願念仏集』，ついでに日蓮の本で『撰時抄』というのもあります。経済史がらみでは「撰銭令」ですね。
　大阪会議。大坂の陣の「坂」は〈つちへん〉。大坂城は今でも〈つちへん〉。地名の大阪が近代になると〈こざとへん〉です。
　大隈重信。「隈」が大隅国の『隅』になったり，土偶の「偶」になったりしていないでしょうね。しっかり書きましょう。
　私擬憲法では交詢社。「詢」という字は滅多に書くことのない字ですから，しっかりと書いてみてください。「擬」は擬人法の「擬」です。〈てへん〉です。ちなみに，ここでは書かせませんでしたが，「東洋大日本国国憲按」の「按」は〈てへん〉がついていることに注意しておいてください。

廃仏毀釈　交詢社

チェック

ちょっと意地悪ですが，第19回・20回をやったところで，
ちゃんとできるか試してみましょう。
何も見ないで書いてみてください。

```
ほった・まさよし      (                    ) （19回の2 ）
いい・なおすけ        (                    ) （19回の3 ）
せいじそうさいしょく  (                    ) （19回の18）
ごとう・しょうじろう  (                    ) （19回の23）
やまのうち・とよしげ  (                    ) （19回の24）
えのもと・たけあき    (                    ) （20回の5 ）
ごほうのけいじ        (                    ) （20回の7 ）
ちつろくしょぶん      (                    ) （20回の15）
しぞくじゅさん        (                    ) （20回の23）
とんでんへい          (                    ) （20回の24）
```

さて，10問中何問できましたか？
全問正解はエライ。2〜3問しかできなかった人，すぐに19回か
らやり直しです。

（正解）堀田正睦　　井伊直弼　　政事総裁職
　　　　後藤象二郎　山内豊信　　榎本武揚
　　　　五榜の掲示　秩禄処分　　士族授産
　　　　屯田兵

第22回　松方財政〜条約改正

大蔵卿〔　1 まつかたまさよし　〕のもとでいわゆる〔　2 まつかたざいせい　〕が展開され，中央銀行としての〔　3 にほんぎんこう　〕が設立されて，1885年には同行から銀兌換券が発行されるにいたった。

デフレの影響が深刻化する中で加波山事件，〔　4 ちちぶじけん　〕などが続発したが，この過程で〔　5 じゆうとう　〕は解党し，〔　6 りっけんかいしんとう　〕も総理〔　7 おおくましげのぶ　〕自らが離党するなど，国会開設を待たずして初期の政党は解党状態に陥ってしまった。

内閣制度の発足とともに宮内省は内閣の外に置かれ，さらに常侍輔弼の任にあたる内大臣が新設され，〔　8 きゅうちゅう・ふちゅう　〕の別が明らかとなった。

地方行政制度はドイツ人顧問モッセの助言を受けて，〔　9 やまがたありとも　〕を中心に1888年には市制・町村制，1890年には〔　10 ふけんせい　〕・〔　11 ぐんせい　〕が公布され，地方自治制が一応完成した。

ヨーロッパでの憲法調査を経て，〔　12 いとうひろぶみ　〕を中心に〔　13 すうみついん　〕において天皇も加わった審議の結果，〔　14 きんていけんぽう　〕としての大日本帝国憲法が1889年2月11日発布された。

大日本帝国憲法は，大幅な〔　15 てんのうたいけん　〕を認め，さらに陸海軍の〔　16 とうすいけん　〕については内閣からこれを独立させるなどの特徴を有する憲法であった。

ボアソナードの影響を受けた民法が1890年公布されると，〔　17 ほづみやつか　〕の「民法出テ、忠孝亡ブ」の論文に代表される反論が起こり，〔　18 みんぽうてんろんそう　〕が生じ

たため，この民法は施行されず，大幅な改正を経て，戸主権の強い民法が1896年，98年にようやく公布されることとなった。

1890年の第1回衆議院議員選挙の結果，[19 りっけんじゆうとう]・[6 りっけんかいしんとう]の民党が過半数を制し，[20 たいせいかい]などの吏党は少数派にとどまったため，以後，薩長藩閥政府は議会において苦しい対応を迫られることとなった。

岩倉具視を代表とする遣外使節団の予備交渉失敗の後，[21 てらじまむねのり]外務卿の交渉も失敗に終わり，一括処理をはかった[22 いのうえかおる]外務卿のいわゆる鹿鳴館外交が展開された。その井上交渉案は，[23 ないちざっきょ]を認める代わりに[24 りょうじさいばんけん]の撤廃を欧米諸国に認めさせようとするものであった。

1891年，[25 あおきしゅうぞう]が大津事件で外相を辞任した後を受け，[26 えのもとたけあき]，続く[27 むつむねみつ]のもとで自由党が支持にまわって，ついに1894年日清戦争勃発直前に[24 りょうじさいばんけん]の撤廃と関税率の一部引き上げ，および双務的最恵国待遇を内容とする[28 にちえいつうしょうこうかいじょうやく]が調印され，第1次条約改正が達成されることとなった。

[29 かんぜいじしゅけん]の回復は，1911年の日米新条約によって[30 こむらじゅたろう]外務大臣のもとで達成され，ついに日本は条約上列国と対等の地位を獲得するにいたった。

解答

1 松方正義　2 松方財政　3 日本銀行　4 秩父事件
5 自由党　6 立憲改進党　7 大隈重信　8 宮中・府中
9 山県有朋　10 府県制　11 郡制　12 伊藤博文
13 枢密院　14 欽定憲法　15 天皇大権　16 統帥権
17 穂積八束　18 民法典論争　19 立憲自由党　20 大成会
21 寺島宗則　22 井上馨　23 内地雑居　24 領事裁判権
25 青木周蔵　26 榎本武揚　27 陸奥宗光
28 日英通商航海条約　29 関税自主権　30 小村寿太郎

松方正義，**大隈重信**，**山県有朋**はおなじみの人物です。**大隈重信**で大隅国の「隅」や土偶の「偶」を書いた人はもういないでしょうね。古代まで戻って復習ですよ。あまり年中出てきていると，逆に当たり前になって「おや」と思うようなこともあると思います。実際の試験では，豊臣秀吉だって間違える人がいるくらいです。本当ですよ。**山県有朋**の「朋」などもまちがえないようにしましょう。「ヤマガタ」には山片蟠桃，山県大弐，そして**山県有朋**がありますね。

欽定憲法とは天皇の決めた憲法という意味で，「欽」の字は古代でやりましたね。仏教公伝は欽明天皇の時でしたね。

統帥権の「帥」は第19回の「ポイント」でチェックしましたね。

穂積八束，そして**民法典論争**。このあたりで問われるものには「戸主」ということばが多いので，一緒に覚えておきましょう。

鹿鳴館外交の**井上馨**はできましたか。画数の多い字ですから，いやがらずになぞっておきましょう。

条約改正関係では**内地雑居**というのが合否の分かれ目になる問題です。外国側は**内地雑居**を要求しました。もちろんその前は「居留地」制度です。

榎本武揚の「揚」の字，もうOKですね。でもそう思ったら今度は五稜郭があやしくなった，などということがないように。

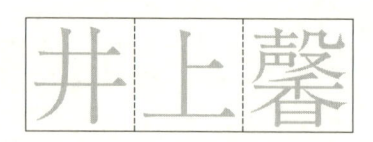

井上馨

チェック

さて，前回の重要人物をチェックしておきましょうか。
しっかり書いてくださいね。

もり・ありのり　　　（　　　　　　　　　　）（21回の3）
ふくざわ・ゆきち　　（　　　　　　　　　　）（21回の4）
かとう・ひろゆき　　（　　　　　　　　　　）（21回の6）
さいごう・たかもり　（　　　　　　　　　　）（21回の17）
いたがき・たいすけ　（　　　　　　　　　　）（21回の18）
えとう・しんぺい　　（　　　　　　　　　　）（21回の19）
そえじま・たねおみ　（　　　　　　　　　　）（21回の20）
おおくま・しげのぶ　（　　　　　　　　　　）（21回の27）
いとう・ひろぶみ　　（　　　　　　　　　　）（21回の29）
うえき・えもり　　　（　　　　　　　　　　）（21回の32）

さて，10人中何人書けましたか。すべて頻出の重要人物です。あまりよく知っていて，かえって，イザ書こうと思うと，？……などということにならないように。

（正解）　森有礼　　福沢諭吉　　加藤弘之　　西郷隆盛
　　　　　板垣退助　江藤新平　　副島種臣　　大隈重信
　　　　　伊藤博文　植木枝盛

第23回　朝鮮問題～日露戦後の国際関係

　　　1にっちょうしゅうこうじょうき
[　　　　　]によって開国させられた朝鮮においては親日派が台頭し
　　　　　　　2たいいんくん　　　　　　　　　　　　　　　　3じんごじへん
たが，国王の父[　　　]は1882年，下級の兵士らの支持を得て[　　　]と
呼ばれるクーデターを起こした。

　清国政府の支配の強まる中で，独立党の金玉均らは[　　　4こうしんじへん　　　]を起こした
　　　　　　　　　　　　　　　　　　　　5いとうひろぶみ　　6りこうしょう
が，清国によって鎮圧され，事後処理のために[　　　]と[　　　]との間
　　7てんしんじょうやく
で[　　　　　]が結ばれた。

　　　　　　　　　　　　　　　8こうごのうみんせんそう
　1894年朝鮮において[　　　　　　]，いわゆる東学党の乱が起こると日
清両国は朝鮮に派兵し，日清戦争が勃発した。

　　　　　　　　　　　　　　　　　　　　　　9りょうとうはんとう　　　　10ぼうこ
　下関条約において，清国は朝鮮の独立を認め，[　　　　]・台湾・[　　]
しょとう
[　　]を日本に割譲し，賠償金2億両を支払い，重慶など4港を開港した。こ
　　　　　　　　　　　　　　　　　　　　　　　11かばやますけのり
の結果，日本は台湾を領有することとなり，初代台湾総督には[　　　　]が
　　　　　　　9りょうとうはんとう
就任した。しかし[　　　　]については，ロシア・フランス・ドイツによる
三国干渉に屈して清国に返還した。

　　　5いとうひろぶみ　　　　12ちそ
　第2次[　　　　]内閣の[　　]増徴案に対抗して，自由党・進歩党が合同
　13けんせいとう　　　　　5いとう
し，[　　　]が誕生すると[　　]は退陣し，ここに最初の政党内閣いわゆる
14わいはんないかく
[　　　　]が成立した。

　　15おおくましげのぶ　　　　　　　　　　　16おざきゆきお
　第1次[　　　　]内閣は，共和演説事件による[　　　　]の文部大臣辞
任後の対立からわずか4カ月で分裂し，退陣することとなった。

第2次[山県有朋]内閣は，[軍部大臣現役武官制]，さらには[治安警察法]など一連の施策を実施したが，1900年に[伊藤博文]が[立憲政友会]を結成すると辞職し，第4次[伊藤博文]内閣に政権を譲った。

1900年に入ると「[扶清滅洋]」を唱える[義和団]は北京に迫り，清国政府も列国に宣戦を布告したため，危機に陥った北京の公使館員などを救出するために8カ国連合軍が北京に進駐した。日本ではこの出兵を[北清事変]と呼んでいる。

[義和団]事件が[北京議定書]によって解決したのちもロシアの満州占領が続き，これに対抗して日本は1902年[日英同盟]を締結することとなった。

ロシアとの対立が激化する中で，国内では[内村鑑三]や[幸徳秋水]，[堺利彦]あるいは[与謝野晶子]らの日露非戦，反戦論も高まっていった。しかし次第に対露強硬路線を主張する対露同志会などの運動もあり，開戦論が主力となった。

ポーツマス条約においてロシアは，日本の韓国に対する指導・監督権を認め，さらに清国領土内の[旅順]・[大連]の租借権および長春以南の東清鉄道南部支線の経営権移譲，そして北緯50度以南の樺太割譲が決定された。

日露戦後，日本は[関東都督府]を置き，同じく1906年には半官半民の[南]
[満州鉄道株式会社]が設立された。

日露戦後，第2次[桂太郎]内閣は[戊申詔書]の発布を天皇に仰ぎ，国民道徳の再強化をめざし，[内務省]を中心に地方改良運動を推進していった。

解答

1 日朝修好条規　2 大院君　3 壬午事変　4 甲申事変
5 伊藤博文　6 李鴻章　7 天津条約　8 甲午農民戦争
9 遼東半島　10 澎湖諸島　11 樺山資紀　12 地租
13 憲政党　14 隈板内閣　15 大隈重信　16 尾崎行雄
17 山県有朋　18 軍部大臣現役武官制　19 治安警察法
20 立憲政友会　21 扶清滅洋　22 義和団　23 北清事変
24 北京議定書　25 日英同盟　26 内村鑑三　27 幸徳秋水
28 堺利彦　29 与謝野晶子　30 旅順　31 大連
32 関東都督府　33 南満州鉄道株式会社　34 桂太郎
35 戊申詔書　36 内務省

　日朝・日韓関係は明治の外交史の焦点です。メインテーマでの誤字は，絶対避けなければなりません。
　壬午事変は壬午軍乱ということもあります。
　甲申事変の「申」にも注意。李鴻章は書けなければ困ります。けっこう書けないので，なぞっておきましょう。天津条約でも下関条約でも出てくる。こういう人物は，今，完全に覚えてしまうこと。その時に意識することは，「李」が学級委員の「委」とか，季節の「季」にならないようにすることです。
　遼東半島は三国干渉がらみでよく出てきます。やはりなぞってみましょう。樺山資紀は第二議会の蛮勇演説でも出てきます。さらに初代の台湾総督でも出てきます。薩摩出身の海軍のボスです。
　その後はしばらく易しい字ですが，「扶清滅洋」という義和団の標語，「清を扶けて洋を滅する」という，日本で言うところの攘夷運動ですね。8カ国連合軍の北京派遣の，日本側での呼び名が北清事変です。
　内村鑑三の「鑑」。まさか軍艦の「艦」にした人はいないでしょうね。

　関東都督府はけっこう書けない字です。「督」がアイマイになる。これもここでしっかり書いておきましょう。関東都督府が危ないと，統監府や朝鮮総督もアヤシクなってきます。野球の「監督」が書ければ問題ありませんが。
　最後にちょっとややこしいのが出てきました。戊辰戦争と戊申詔書。音は同じですが「辰（たつ）」と「申（さる）」，どちらがどちらか，くれぐれも区別できるようにしてください。一度書いておきましょう。「戊」の字を使う『戊戌物語』

も思い出しておきましょう。

李鴻章
遼東半島
関東都督府
戊辰戦争
戊申詔書

いとうひろぶみ　　　りこうしょう

第24回　産業革命〜明治の文化

1897年，[1 かへいほう]が制定され，[2 きんほんいせい]が確立した。

[3 よこはましょうきんぎんこう]による積極的な貿易金融や，[4 にほんゆうせんがいしゃ]による遠洋航路など，日清戦争前後には日本の貿易は飛躍的に成長した。

産業革命の中心となる[5 ぼうせきぎょう]においては，1883年の[6 しぶさわえいいち]による[7 おおさかぼうせきがいしゃ]の成功が契機となって次々と機械制生産が導入され，1897年には綿糸輸出量は輸入量を上回るに至った。

綿業貿易による輸入超過などを補い，日本の貿易を支えたのは生糸の輸出であった。製糸業においては1894年には[8 きかいせいし]の生産量が[9 ざぐりせいし]を上回り，1909年には清国を抜いて輸出規模で世界最高の地位に立った。

1897年設立された[10 やはたせいてつじょ]は1901年には操業を開始したが，それは安価な[11 たいや]鉄鉱石の入手が可能となったことによるところが大きい。

産業革命の進展は労働問題を顕在化させ，1897年にはアメリカ労働運動の影響を受けた[12 たかのふさたろう]・[13 かたやません]らが労働組合期成会を結成した。

労働者保護のため1911年に[14 こうじょうほう]が制定されたが，内容は不十分なもので実施も1916年からとされた。

日清戦争後，社会主義が台頭し，[15 あべいそお]・[13 かたやません]・[16 こうとくしゅうすい]らは1901年には最初の社会主義政党である[17 しゃかいみんしゅとう]を結成したが，[18 ちあん

［警察法］によって即座に解散を命ぜられた。

産業革命の進展による労働者問題については，ジャーナリスト［横山源之助］の『日本之下層社会』や農商務省がまとめた『［職工事情］』に詳しくその様子が記されている。

［古河市兵衛］が買い取った足尾銅山の再開発によって渡良瀬川流域の公害問題が深刻化し，栃木県選出の衆議院議員［田中正造］はその防止に奔走したが，ついに1901年議員を辞職し，天皇直訴を試みた。

国民皆学をめざした［学制］はやがてその画一性が問題となり，1879年教育令が新たに公布されたがこれもまた直後に改正された。やがて1886年文部大臣［森有礼］のもとで，国家主義的教育をめざす一連の学校令が制定され，1890年には［教育勅語］が発せられた。

［戯作文学］・政治小説などに続いて本格的な写実主義を唱える［坪内逍遙］の『［小説神髄］』が刊行され，言文一致体の［二葉亭四迷］の『浮雲』などがあらわれ，近代文学が本格化した。また尾崎紅葉らの［硯友社］も，文芸小説の面において写実主義を標榜するものであった。

大逆事件後の冬の時代の中で，平塚らいてうは女性の解放を求めて雑誌『［青鞜］』などを発行していった。

解答

1	貨幣法	2	金本位制	3	横浜正金銀行	4	日本郵船会社
5	紡績業	6	渋沢栄一	7	大阪紡績会社	8	器械製糸
9	座繰製糸	10	八幡製鉄所	11	大冶	12	高野房太郎
13	片山潜	14	工場法	15	安部磯雄	16	幸徳秋水
17	社会民主党	18	治安警察法	19	横山源之助		
20	職工事情	21	古河市兵衛	22	田中正造	23	学制
24	森有礼	25	教育勅語	26	戯作文学	27	坪内逍遥
28	小説神髄	29	二葉亭四迷	30	硯友社	31	青鞜

貨幣法ですが，たまに「貨弊」と書く人がいます。

渋沢栄一は第一国立銀行でも出てきますし，大阪紡績会社でも出てくる超重要人物ですね。**大阪紡績会社**の「阪」はもちろん〈こざとへん〉。

ちょっと細かいですが，生糸を作る製糸業の場合，「きかい」と言った時には「**器械**」ですが，綿糸紡績業では「機械」となります。

大冶の鉄鉱石，**大冶**鉱山。「冶」は〈さんずい〉ではなく〈にすい〉です。鍛冶屋さんの「冶」です。

安部磯雄。阿倍比羅夫，仲麻呂，内麻呂の「倍」とも違いますし，幕末の老中阿部正弘の「阿」とも違います。かえってややこしくなるかもしれませんが，もう一度確認しておいてください。

戯作文化の「戯」はもちろん「劇」にならないようにすること。**坪内逍遥**は明治の文学でどうしても出てくる人です。一度なぞっておきましょう。

次は定番です。『**青鞜**』。「鞜」は「踏」ではありませんよ。これは『ブルー・ストッキングス』の訳だから〈へん〉は「革」です。雑誌は『**青鞜**』で団体名は『**青鞜社**』です。

坪内逍遙

ポイント

ニスイに気をつけよう

サンズイにすると×，という字がけっこうありましたね。
ここで入試風にいってみましょう。

問1　嵯峨天皇の命で編まれた最初の勅撰漢詩文集は何か。

問2　中世に刀剣の作成に従事した手工業者は何と呼ばれたか。

問3　八幡製鉄所が鉄鉱石を入手することとなった中国の鉄山の名称は何か。

ハイ，できたでしょうか。

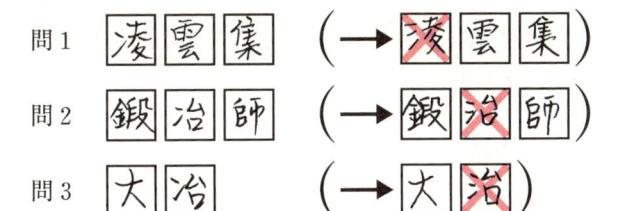

問1　凌雲集　（→ 凌雲集）

問2　鍛冶師　（→ 鍛冶師）

問3　大冶　（→ 大冶）

第25回　大正政変〜政党内閣の成立

陸軍大臣上原勇作の辞任を契機に，[1 さいおんじきんもち]内閣が総辞職に追い込まれ，第3次[2 かつらたろう]内閣が発足すると，立憲国民党の[3 いぬかいつよし]や[4 りっけんせいゆうかい]の[5 おざきゆきお]を中心に，商工業者や都市民衆までも加わり，これに反対する第一次護憲運動が起こった。

[6 やまもとごんべえ]内閣は，政友会を与党とし，[7 ぐんぶだいじんげんえきぶかんせい]を改め，予備・後備の将官にまでその資格を広げるなどしたが，まもなく起こったシーメンス事件によって退陣に追い込まれた。

第一次世界大戦が勃発すると，時の[8 おおくましげのぶ]内閣は[9 にちえいどうめい]を理由にドイツに宣戦し，これに参戦した。また中国の[10 えんせいがい]政府に対し二十一カ条要求をつきつけ，山東省のドイツ権益の継承や既得権益の強化を策した。

[11 てらうちまさたけ]内閣は，北方軍閥の[12 だんきずい]にいわゆる[13 にしはらしゃっかん]を与えるなど，権益の拡大をはかっていったが，シベリア出兵宣言にともなう[14 こめそうどう]によって総辞職に追い込まれた。

パリ講和会議に，日本は[1 さいおんじきんもち]を全権とする外交団を送り，ヴェルサイユ条約において山東半島のドイツ権益の継承や，ドイツ領南洋諸島の赤道以北についての委任統治権を得た。

第一次世界大戦後，中国では五・四運動，植民地下の朝鮮においても[15 さん・いちどくりつうんどう]（万歳事件）が起こり，日本の支配に対する抵抗運動が高まり

を見せた。

　ヴェルサイユ条約に基づいて[国際連盟]が発足し、日本は常任理事国に就任したが、アメリカは議会の反対によってこれに参加することができなかった。

　1921年、アメリカはワシントン会議を呼びかけ、四カ国条約が締結されたことにより[日英同盟]は廃棄されることとなった。翌年にはさらに九カ国条約が結ばれ、中国に対する列強の合意が成立し、さらに5カ国の間では海軍軍縮条約が結ばれ、主力艦の制限が合意された。

　[吉野作造]は天皇主権のもとにおける民主主義の徹底を主張し、[民本主義]とその理論を名付け、さらに[黎明会]を組織してその啓蒙に努めた。また[美濃部達吉]は[天皇機関説]において、天皇の地位を法人たる国家のもとにおける最高機関であると位置づけた。

　[鈴木文治]によって組織された[友愛会]は、第一次世界大戦後、労働組合としての戦闘性を高め、1921年[日本労働総同盟]とその名を改称した。

　貴族院を中心とする[清浦奎吾]内閣に対して、[高橋是清]の[立憲政友会]、[犬養毅]の革新倶楽部、そして[加藤高明]の憲政会の3党は連携してこれに反対し、選挙によって勝利を収めた。

　[護憲三派]内閣は、懸案であった[普通選挙法]を実現したが、それにともない[治安維持法]を成立させ、国体の変革や私有財産制度を否定する活動、結社およびその参加などを処罰するという対策を講じていた。

解答

1	西園寺公望	2	桂太郎	3	犬養毅	4	立憲政友会
5	尾崎行雄	6	山本権兵衛	7	軍部大臣現役武官制		
8	大隈重信	9	日英同盟	10	袁世凱	11	寺内正毅
12	段祺瑞	13	西原借款	14	米騒動	15	三・一独立運動
16	国際連盟	17	吉野作造	18	民本主義	19	黎明会
20	美濃部達吉	21	天皇機関説	22	鈴木文治	23	友愛会
24	日本労働総同盟	25	清浦奎吾	26	高橋是清		
27	加藤高明	28	護憲三派	29	普通選挙法	30	治安維持法

ここは手こずった人が多いと思います。漢字で大きく差がつくものが集中していました。

犬養毅の「毅」は同じ字を書いても，井上毅になると「こわし」と読みます。一度なぞっておきましょう。

袁世凱。これも書いておいてください。そして繰り返して練習すること。「袁」は「遠い」から〈しんにゅう〉をとったものです。これも練習するしかありません。あまり書かされることはありませんが，段祺瑞もここで書いておいた方がいいでしょう。「瑞」を「端」としてしまわないように。そして西原借款。段祺瑞に与えたものです。借款というのはお金を貸すことです。この字も書いておきましょう。ここで練習しても，しばらくしたらまた書いてみることです。

民本主義と言えば吉野作造。吉野作造の作った団体は黎明会。これは一度ていねいに書いてみましょう。

清浦奎吾の「奎」は，あまり見かけない字ですので，うっかり「圭」などを書いてしまった人がいるのではないでしょうか。この字もここで練習しておきましょう。

犬養毅
袁世凱

段祺瑞
借款
黎明会
清浦奎吾

チェック

ちゃんとなぞっていますか。あわててはいけません。21回から，なぞって練習した成果を試してみてください。

はいぶつきしゃく　　（　　　　　　　　　）
こうじゅんしゃ　　　（　　　　　　　　　）
いのうえかおる　　　（　　　　　　　　　）
りこうしょう　　　　（　　　　　　　　　）
かんとうととくふ　　（　　　　　　　　　）

（正解）廃仏毀釈　　交詢社　　井上馨
　　　　李鴻章　　関東都督府

第26回　恐慌の時代

1[たいせんけいき]　が終わると，以後1920年の**2**[せんごきょうこう]，さらには1923年の**3**[しんさいきょうこう]と，経済は相次いで打撃を受け，これを政府は日銀の特別融資などでしのいでいった。その結果1927年には震災手形の処理をめぐって**4**[きんゆうきょうこう]が発生した。

5[わかつきれいじろう]内閣が，**6**[たいわんぎんこう]の緊急勅令による救済を**7**[すうみついん]によって拒否され，総辞職に追い込まれると，憲政の常道にしたがって**8**[りっけんせいゆうかい]の**9**[たなかぎいち]内閣がこれにかわった。

1928年の第1回**10**[ふせん]の結果，無産政党から8名の当選者が出ると，**9**[たなか]内閣は三・一五事件で共産党の弾圧に乗り出し，また**11**[ちあんいじほう]を緊急勅令によって改正し，最高刑を死刑とした。

12[しょうかいせき]による国民革命軍の**13**[ほくばつ]に対し，**9**[たなか]内閣は親日的な満州軍閥の**14**[ちょうさくりん]を守ろうとし，北京から**15**[ほうてん]への帰還を促したが，関東軍は**15**[ほうてん]に近づいた**14**[ちょうさくりん]を爆殺した。この満州某重大事件と呼ばれる事件が契機となって，**9**[たなか]首相は天皇の不信を買い，退陣に追い込まれた。

9[たなか]内閣は山東出兵という対中国強硬外交を展開したが，欧米との間ではパリで**16**[ふせんじょうやく]に調印した。ところが，同条約はその文言から天皇主権の憲法に反するとの非難を受けた。

関東軍は1919年に**17**[かんとうちょう]が発足した際に独立したもので，**18**[まんてつ]および

19　**遼東半島**の租借地の守備を担当した。

20 浜口雄幸内閣が誕生すると，大蔵大臣**21 井上準之助**は産業の合理化を促進し，さらに旧平価による金輸出解禁を断行し，経済の抜本的な建て直しをめざした。

22 昭和恐慌は**23 繭価**の下落，米価の下落によって農村を直撃したが，政府の対策は不十分で，**24 農山漁村経済更生運動**を進める程度にすぎなかった。

20 浜口内閣における**25 幣原喜重郎**による協調外交は，ロンドン海軍軍縮条約の締結として結実したが，**26 統帥権干犯**であるという非難を被り，首相は右翼の一青年に狙撃されて，翌年に死亡した。

解答

1	大戦景気	2	戦後恐慌	3	震災恐慌	4	金融恐慌
5	若槻礼次郎	6	台湾銀行	7	枢密院	8	立憲政友会
9	田中義一	10	普選	11	治安維持法	12	蔣介石
13	北伐	14	張作霖	15	奉天	16	不戦条約
17	関東庁	18	満鉄	19	遼東半島	20	浜口雄幸
21	井上準之助	22	昭和恐慌	23	繭価		
24	農山漁村経済更生運動	25	幣原喜重郎	26	統帥権干犯		

　近代史になりますと，どうしても経済史で恐慌のことがたくさん出てきます。まず**恐慌**という漢字自体をしっかり書けるようにしてください。「恐怖」と書く人はまさかいないでしょうが。それでは試験の結果が恐怖になっちゃう。ちなみに**震災恐慌**ですが，これは関東大震災にともなうもので，これももちろん書けなければいけません。 恐慌　恐怖✗

　若槻礼次郎は「礼二郎」ではありません。そして次は頻出の**枢密院**。なんでもない字ですが，憲法がらみでも，緊急勅令がらみでも問われますので，これが書けなかった人はタイヘンです。

　張作霖。もちろん関東軍によって爆殺されてしまいます。「霖」の下は「林」です。なじみのない字なので，つい「霜」などと書いてしまわないようにしましょう。そして**蔣介石**。しっかり書けた人もいるでしょうが，絶対にここは一緒に書いておいた方がよいです。ていねいになぞってください。まさかやらないとは思いますが，**蔣介石**の「介」に〈くさかんむり〉をつけないことです。つけたら塵芥集の「芥」になっちゃう。覚えてますね，伊達氏の分国法です。

蔣介石　蔣芥✗石

　関東庁は注意しておくこと。これは漢字の問題ではなく，「関東都督府」が**関東庁**と関東軍に分離したことを，つい忘れてしまう人が多いからです。

　井上準之助。この人もよく出てくる人です。浜口雄幸とペアで覚えましょう。

　繭価の下落の「繭」。中をよく見てみましょう。糸の虫，まさに動物性の繊維ですね。

　幣原喜重郎。時々論述の答案などで弊害の「弊」を書いてしまう人を見かけます。下は「巾」です。貨幣法の「幣」でも注意したはずですよ。**統帥権干犯**の「帥」は何度もやっているからOKですね。生口160人をオミヤゲに朝貢した「倭国王

帥升」以来，何度も出てきた字です。 | 統帥 | 統師✗ |

| 蔣 | 介 | 石 | 繭 |

ポイント

近代の軍事制度でポイントとなるのは，鎮台制から師団制への転換です。国内の治安対策を重視した地域をカバーする鎮台制から，海外派兵を視野に入れた師団制ということですが，漢字に注意を払うようになった人はここで，「ろくはらたんだい」「ちんぜいたんだい」「きゅうしゅうたんだい」そして「きょうとしょしだい」の「だい」が気になるでしょう。
確認しておきましょう。

　　六波羅探題
　　鎮西探題
　　九州探題
　　京都所司代
　　鎮　　台

第27回　大衆文化〜軍部の台頭

大正から昭和にかけては，総合雑誌『[中央公論]』・『改造』あるいは大衆雑誌『キング』，[円本]や岩波文庫もあらわれ，大量出版が本格化した。

明治末から[耽美派]と呼ばれる[永井荷風]や[谷崎潤一郎]，その後，新思潮派と呼ばれる[芥川龍之介]や菊池寛などが活躍したが，なんと言っても大正デモクラシーを象徴する文学は，人道主義を特色とする[白樺]である。やがて新感覚派と呼ばれる[川端康成]などがあらわれたが，一方で社会問題の深刻化とともに，葉山嘉樹・[小林多喜二]・徳永直らによるプロレタリア文学も興り，また中里介山などの大衆文学も幅広い読者を獲得していった。

大正以降には，民間における学術研究が進んだが，個人の業績としても，[野口英世]の黄熱病の研究や，[本多光太郎]のKS磁石鋼の発明などすぐれた業績があらわれた。

人文科学では，[西田幾多郎]の『善の研究』による独自の哲学体系の創出や，[津田左右吉]の古代史研究，[河上肇]のマルクス経済学研究，さらには[柳田国男]による民俗学の開拓などがきわだった業績として残っている。

1931年，[奉天]郊外で起こった[柳条湖事件]をきっかけに満州事変が勃発したが，[若槻礼次郎]内閣はその拡大を抑えられず，総辞職に追い込まれ，かわって[立憲政友会]の[犬養毅]内閣が登場した。

前大蔵大臣 [21 いのうえじゅんのすけ] や三井の [22 だんたくま] が暗殺された血盟団事件，また五・一五事件で [20 いぬかい] 首相自身が暗殺され，ここに政党内閣の慣行は途絶えた。

[23 さいおんじきんもち] は [24 さいとうまこと] 海軍大将を首相に推薦したが，同内閣は軍部に押され，日満議定書を結んで満州国を承認した。

中国の提訴によって [25 こくさいれんめい] はリットン調査団を派遣した。その報告書が採択されると，[26 まつおかようすけ] 日本全権は退場し，3月には日本は正式に [25 こくさいれんめい] から脱退することとなった。

[20 いぬかい] 内閣の [27 たかはしこれきよ] 大蔵大臣のもとで，金輸出の再禁止が断行され，[28 かんりつうかせいど] が導入された。円為替相場は急落し，輸出が飛躍的に伸びるとともに，満州事変の拡大にともなう財政膨張などもあって，日本は世界にさきがけて恐慌から脱出することとなった。

満州事変後の好況の中で [29 しんこうざいばつ] が台頭したが，その代表的なものとしては [30 あゆかわよしすけ] の日本産業会社を中心とする日産コンツェルンや，[31 のぐちしたがう] の [32 にほんちっそひりょうがいしゃ] を母体とする日窒コンツェルンなどがある。

[33 てんのうきかんせつ] 問題で [34 みのべたつきち] が議員を辞職し，岡田啓介内閣もついに [35 こくたいめいちょうせいめい] を出して，その学説を公的に否認するにいたった。

解答

1 中央公論　2 円本　3 耽美派　4 永井荷風
5 谷崎潤一郎　6 芥川竜之介　7 白樺派　8 川端康成
9 小林多喜二　10 野口英世　11 本多光太郎
12 西田幾多郎　13 津田左右吉　14 河上肇　15 柳田国男
16 奉天　17 柳条湖事件　18 若槻礼次郎　19 立憲政友会
20 犬養毅　21 井上準之助　22 団琢磨　23 西園寺公望
24 斎藤実　25 国際連盟　26 松岡洋右　27 高橋是清
28 管理通貨制度　29 新興財閥　30 鮎川義介　31 野口遵
32 日本窒素肥料会社　33 天皇機関説　34 美濃部達吉
35 国体明徴声明

近代の文化は不得意な人が多い分野です。

『中央公論』や『改造』など，しっかり復習しておくこと。もっとも書き取りとしては易しいので大丈夫でしょう。大正から昭和にかけての大衆文化では円本。何でもない字ですが，しっかり暗記しましょう。大量出版の先駆けとなったものです。

耽美派の「耽」は一度書いておいた方がいいでしょう。谷崎潤一郎の「潤」から〈さんずい〉を取ると閏年（うるうどし）の「閏」で，南朝が正統か，北朝が正統かという南北朝正閏論の「閏」になってしまいます。芥川竜之介。この人は漢字の書き取りによく使われますね。芥川の「芥」は塵芥集の「芥」。竜之介の「介」は国司の守・介・掾・目の「介」であると同時に人名でも出てきますね。

川端康成はノーベル文学賞を受賞します。プロレタリア文学もよく出題されるテーマです。ここでの書き取りはしませんでしたが，葉山嘉樹と徳永直も覚えておきましょう。

西田幾多郎の「幾」，これは畿内の「畿」のとよくまちがえます。二次論述でよく見かける誤字の1つが，この「畿内」を「幾内」とするものですが，ここは「幾」です。ついでに，同じ誤字でもやはり定番の誤字は印象が悪い。「朝廷」と書くところを「朝延」としてしまう人もけっこういるのです。桓武天皇が「恒武天皇」になってしまうのも，目立つミスです。左右吉は「そうきち」という読みをいっしょに覚えてしまうこと。河上肇の「肇」も最近はあまり人名でも使いません。昔は，ハナ肇というタレント名で覚えられたのですが……。民俗学の柳田国男などは知っていればOKでしょう。

そして団琢磨が出てきました。この「琢」を石川啄木の「啄」とまちがえないことです。この際，石川啄木と団琢磨をなぞって書いてみてください。これは冗談ですが，「啄」も「琢」も〈にくづき〉にすると「豚」になってしまいます。

新興財閥については鮎川義介，野口遵という中心人物は書けるようにしましょう。野口遵の「遵」はどこかで見ましたね。そう，守護の権限として，大犯三カ条に加えて「使節遵行」「刈田狼藉の追捕」…あの「遵」ですよ。ここで出てきたついでに「狼」と「浪」，「藉」と「籍」の区別もつくか，確認しましょう。日本窒素肥料会社の「窒」もふだんあまり使わない字ですから，意識して覚えるようにしましょう。

国体明徴声明の「徴」は租税徴収などの「徴」です。顕微鏡の「微」と書いてしまわないように。

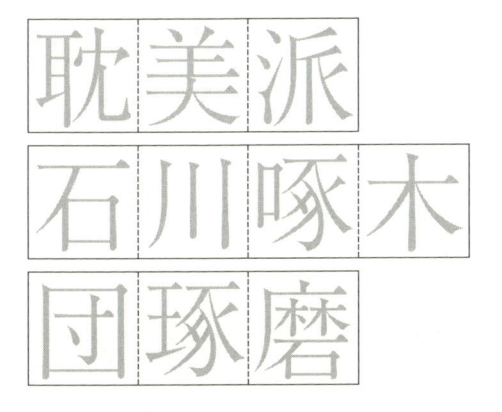

第28回　二・二六事件～太平洋戦争

　二・二六事件は陸軍の｢＿＿＿｣(1 こうどう は)の一部青年将校が武力をもって決起したものであったが，これが鎮圧されると陸軍｢＿＿＿｣(2 とうせい は)の力が強まり，｢＿＿＿＿｣(3 ひろ た こう き)内閣のもとでは，軍部の意向が政治を左右するに至った。

　第1次｢＿＿＿｣(4 この え ふみまろ)内閣の発足直後，1937年7月7日，北京郊外の｢＿＿＿｣(5 ろ こうきょう)付近で日中の軍事的な衝突が発生し，その収束に失敗した結果，年末の南京占領にいたる本格的な戦争に突入した。

　1938年1月，｢＿＿｣(4 この え)首相は「国民政府を対手とせず」との声明を発表し，｢＿＿｣(6 しょう)｢＿｣(7 とう)｢＿＿＿｣(かいせき)政府との交渉を断ってしまった。そこで年末には日本の軍事行動は｢＿＿＿｣(あ しんちつじょ)の建設を目的とするとの声明を発する一方，反共の中心であった汪兆銘を重慶から脱出させ，傀儡政権の樹立をめざすという謀略に踏み込んでいった。

　日中戦争が本格化すると，政府は｢＿＿＿＿＿＿＿＿＿＿｣(8 こくみんせいしんそうどういんうんどう)を展開して，｢＿＿＿｣(9 き かくいん)を設置し，翌年には｢＿＿＿＿＿＿｣(10 こっか そうどういんほう)をまとめ，戦時統制経済への移行を本格化させた。

　日中戦開始前に文部省は『国体の本義』を発行し，国民思想の教化をねらったが，このような中で｢＿＿＿＿＿｣(11 や ないはらただ お)が植民地政策の批判をとがめられて大学を追われ，また大内兵衛らいわゆる人民戦線グループも弾圧された。

　1940年，｢＿＿＿｣(12 すうみついん)議長を辞して｢＿＿｣(4 この え)が2度目の内閣を組織し，総理自らが

その総裁に就任し，[大政翼賛会]が結成され，一国一党のファシズム体制が成立した。

第2次[近衛文麿]内閣のもとで，[援蔣]ルートの遮断などを名目とし，[北部仏印進駐]が開始されたが，同時に軍部の強い意向を受けて日独伊三国同盟も締結された。

[近衛]内閣は日米交渉に期待をかけたが，これに反発する[松岡洋右]外務大臣が日ソ中立条約を結び，日米交渉の進展が危ぶまれたため，[松岡]をはずして第3次[近衛文麿]内閣が発足することとなった。

[東条英機]内閣はハル＝ノートによって日米交渉妥結の道は絶望的となったとして，1941年12月8日ハワイ真珠湾の奇襲攻撃，およびマレー半島上陸によって米・英との戦争に突入した。

太平洋戦争が長期化するにしたがって，軍需生産の強化のため，学生・生徒も[勤労動員]にかり出され，未婚の女子も[女子挺身隊]と呼ばれて軍需工場などに動員された。

太平洋戦争の長期化とともに，文科系学生も[学徒出陣]で戦地におもむくこととなった。一方，本土爆撃が激化すると，国民学校生徒たちの[集団疎開]，いわゆる[学童疎開]なども行われるようになった。

サイパンの陥落後小磯国昭内閣が発足したが，硫黄島および沖縄本島における戦闘の開始にともない退陣に追い込まれ，戦争終結をめざすために[鈴木貫太郎]内閣が成立した。

解答

1　皇道派　2　統制派　3　広田弘毅　4　近衛文麿
5　盧溝橋　6　蔣介石　7　東亜新秩序
8　国民精神総動員運動　9　企画院　10　国家総動員法
11　矢内原忠雄　12　枢密院　13　大政翼賛会　14　援蔣
15　北部仏印進駐　16　松岡洋右　17　東条英機　18　勤労動員
19　女子挺身隊　20　学徒出陣　21　集団疎開　22　学童疎開
23　鈴木貫太郎

　岡田啓介にかわって**広田弘毅**内閣です。この内閣は忘れやすいので，しっかり覚えてください。**広田弘毅**の「毅」を書いて井上毅「こわし」と読むし，犬養毅は「つよし」と読みますね。
　盧溝橋事件。この「盧」は確実に書けるようにしましょう。古代でも忘れてはいけません。東大寺の大仏は盧舎那仏ですね。しかし徳富蘆花の場合は〈くさかんむり〉がつきます。また江戸時代の商品作物として〈きへん〉をつければ「櫨（はぜ）」になります。実からロウを採ります。
　蔣介石はもう書けますね。ここでは聞いてはいませんが，**近衛**声明の「国民政府を対手とせず」，この「対手」は「あいて」と読みます。
　よく出るのに書けない字です。**大政翼賛会**。この「翼賛」のところが問題ですね。大丈夫でしょうか。
　第2次**近衛**内閣が**北部仏印進駐**で，第3次**近衛**内閣になると南部仏印進駐を行います。
　松岡洋右。人名の「すけ」には泣かされますね。この人は「右」ですからね。
　東条英機の「英機」をノーベル賞の湯川秀樹の「秀樹」と混同しないことですね。東条英機は英語の「英」に機械の「機」。事実**東条英機**はたいへん優秀な成績だったそうです。「英語の機械」と覚えてしまいましょう。
　女子挺身隊。この「挺」は「身を挺する」ですね。〈てへん〉を忘れないようにしましょう。
　工場も人も，都市部から避難して地方にまばらに展開するという意味ですから，**疎開**という漢字をちゃんと覚えましょう。「疎」の字はふだんあまり使わないですね。一度なぞっておきましょう。もっとも，足利尊氏に天竜寺の創建をすすめた禅僧，覚えていますか？　ハイ，夢窓疎石ですよ。古代で同じ〈へん〉を使った字に三経義疏というのがありましたね。

盧溝橋
大政翼賛会
疎開

ポイント

すべて「盧」が書けることが基本です。

　　　盧舎那仏→いわゆる東大寺の大仏は華厳経の中心
　　　盧溝橋　→1937年7月7日とくれば
　　　櫨（はぜ）→「ロウ」の原材料となるのは
　徳富蘆花　→徳富蘇峰の弟。大逆事件を批判した講演
　　　　　　　「謀叛論」あるいは「不如帰（ほととぎ
　　　　　　　す）」の作者とくれば

「疋」に慣れよう。

　　三経義疏　→聖徳太子の作と言われる
　　夢窓疎石　→足利尊氏に天竜寺の創建をすすめたのは
　　学童疎開　→空襲が激しくなって……

第29回　占領下の政治

連合国による占領方式は[1 れんごうこくぐんさいこうしれいかんそうしれいぶ]（GHQ）が日本政府を通して統治する，間接統治であった。

東久邇宮稔彦は，「一億総懺悔」[2 こくたいごじ]」を唱えて占領に備えたが，GHQの民主化要求に自信を失い，総辞職に追い込まれた。

[3 しではらきじゅうろう]内閣に対してGHQは婦人の解放，労働組合の結成，教育の自由主義化，圧政的諸制度の撤廃，経済の民主化といういわゆる[4 ごだいかいかく][しれい]を口頭で発した。

財閥解体は[5 もちかぶがいしゃせいりいいんかい]による株式の民主化の実現，さらには独占禁止法および[6 かどけいざいりょくしゅうちゅうはいじょほう]によって巨大独占企業発生の抑制やその分割が実施されたが，企業分割は11社にとどまった。

農地改革は，農地調整法の再改正と[7 じさくのうそうせつとくべつそちほう]によって実施され，[8 ふざいじぬし]の全貸付地が解放され，在村地主も一定面積を除く小作地の取り上げによって小作人への土地解放が進んでいった。

1945年の労働組合法，翌年には労働関係調整法，さらにその翌年に[9 ろうどうき][じゅんほう]が制定され，いわゆる労働三法が整備された。

労働組合結成が急速に進んだ戦後まもなく，右派の[10 にほんろうどうくみあいそう][どうめい]と左派の全日本産業別労働組合会議（産別会議）が結成され，本格的な労働運動が開始された。

アメリカ教育使節団の勧告にともなって，機会均等や男女平等の原則をうたう〔11 きょういくきほんほう〕の制定，さらには六・三・三・四制と呼ばれる義務教育9年の新学制が発足することとなった。

戦後第1回目の1946年4月総選挙では旧政友会系の〔12 にほんじゆうとう〕が第一党となったが，党首〔13 はとやまいちろう〕が公職追放になったため，これにかわって〔14 よしだしげる〕が総裁になり，第1次〔14 よしだしげる〕内閣が成立した。

第二次世界大戦後の破局的なインフレーションに対し，政府は〔15 きんゆうきんきゅうそちれい〕でこれを抑制しようとしたが効果は一時的で，石炭・鉄鋼の重要産業部門に資金を投入する〔16 けいしゃせいさんほうしき〕が採用され，〔17 ふっこうきんゆうきんこ〕の融資が行われたために，再びインフレが進行した。

新憲法下における1947年4月の選挙では，労働運動・農民運動の高揚を背景に〔18 にほんしゃかいとう〕が第一党の地位を占めたが，過半数をとるにはいたらず，民主党・国民協同党との間の三党連立で〔19 かたやまてつ〕内閣が成立した。しかし党内左派との対立から総辞職に追い込まれると，三党連立の枠組みのままで，民主党の〔20 あしだひとし〕を首班とする内閣が発足したが，この内閣もまた〔21 しょうでんぎごく〕で短期間のうちに総辞職に追い込まれてしまった。

解答

1　連合国軍最高司令官総司令部　2　国体護持　3　幣原喜重郎
4　五大改革指令　5　持株会社整理委員会
6　過度経済力集中排除法　7　自作農創設特別措置法
8　不在地主　9　労働基準法　10　日本労働組合総同盟
11　教育基本法　12　日本自由党　13　鳩山一郎　14　吉田茂
15　金融緊急措置令　16　傾斜生産方式　17　復興金融金庫
18　日本社会党　19　片山哲　20　芦田均　21　昭電疑獄

　戦後になると長い名称が連続して出てきます。連合国軍最高司令官総司令部。きわめつきに長いですね。いわゆるGHQです。ちなみにGHQが日本政府に与えるのは「指令」GHQ自体は「司令部」。ややこしいですね。
　ポツダム宣言を受諾して，無条件降伏した日本の支配者層はなんと言っても「国体護持」を必死に考えていました。大日本帝国憲法における天皇の地位というものにこだわったわけです。国体を護り，持続させるということですね。
　幣原喜重郎はいいね。「弊原」はいけませんよ。そして五大改革指令はその内容の暗記が必須。
　さて，経済の民主化関係も長い用語の連続です。財閥解体では，持株会社整理委員会。そして巨大企業を除去するのが過度経済力集中排除法。長いですが，意味が全部込められているからわかりやすいですね。過度に経済力が特定企業に集中しないよう，これを排除していくと。そこで排除の「除」。〈ぎょうにんべん〉の徐行の「徐」ではありません。排除　排徐
　農地改革では，小作人に土地を分配するための特別立法，これがまた長い自作農創設特別措置法。
　労働組合関係で日本労働組合総同盟などは，暗記をしっかりしてしまいたいところです。日本労働組合総同盟から「組合」を抜くと，「日本労働総同盟」で，大正デモクラシーでやった労働組合の全国組織です。戦後は「組合」が入る。
　また「措置」が出てきました。金融緊急措置令です。なぞっておきましょう。傾斜生産方式は経済の再建にとって大事なところですから，傾斜という字だけはなぞっておいてください。
　片山哲や芦田均は難しい字ではありませんが，書けましたか。戦後の内閣は，この際しっかり復習しておきましょう。昭電疑獄の「疑獄」は最近あまり見かけないことばですが，時々ニュースに事件として出てきます。

金融緊急措置令
傾斜生産方式

チェック

ああ，古代は遠い昔になってきた。近代をやっているころには古代・中世の記憶は遠ざかっていく。定期テストは何とかなるが，入試となるとそうはいかない。しかしあせってはいけません。もちろんそのまま放置してもいけません。忘れるのはあたりまえのことと割り切って，また一からやる以外にありません。
しかし1回目よりはずっと正解率は上がっています。ちょっと誤字を示してみますから訂正してみてください。

①堅穴住居（たてあなじゅうきょ）　②陰位（おんい）　③和銅開珎（わどうかいちん）
④恒武天皇（かんむてんのう）　⑤管原道真（すがわらみちざね）

（正解）①竪穴住居　②蔭位　③和同開珎
④桓武天皇　⑤菅原道真

第30回　冷戦の開始と日本の復興

冷戦が激化すると、GHQは日本経済の再建を実現することを優先するに至り、**1 けいざいあんていきゅうげんそく**〔　　　　　　　〕を指示した。

サンフランシスコ平和条約で日本は独立を回復したが、沖縄・小笠原諸島はアメリカの**2 しせいけん**〔　　　〕下におかれ、また同時に結ばれた**3 にちべいあんぜんほしょうじょうやく**〔　　　　　　　　〕によって、米軍はそのまま日本に駐留を続けた。

独立を回復した日本は、1952年には**4 こくさいつうかききん**〔　　　　　　〕（IMF）および世界銀行（IBRD）に加盟した。また、1955年以降も**5 じんむけいき**〔　　　　〕以下の大型景気が続き、1956年には経済白書が「もはや戦後ではない」と経済復興を評価するに至った。

1954年、ビキニ環礁におけるアメリカの水爆実験によって、**6 だいごふくりゅうまる**〔　　　　　〕が被害に遭うと原水爆反対運動がさかんになり、1955年には広島で第1回原水爆禁止世界大会が開かれた。

7 はとやまいちろう〔　　　　〕内閣は自主外交をうたい、ソ連との国交回復を実現し、日ソ共同宣言に調印した結果、1956年末には**8 こくさいれんごう**〔　　　　〕加盟が実現した。

長期政権となった佐藤栄作内閣は、1965年には**9 にっかんきほんじょうやく**〔　　　　　　　〕を結び、1968年には小笠原諸島の返還を実現し、さらに1969年の日米首脳会議で沖縄返還の合意を取り付けて、1972年ついに沖縄の祖国復帰が実現するに至った。

10 こうどけいざいせいちょう〔　　　　　　〕が続く中、1961年には**11 のうぎょうきほんほう**〔　　　　　〕が制定され、その

構造改革がめざされ，化学肥料・農薬・農業機械の普及等によって生産力は高まったが，農家の農業外所得の増加傾向が続き，専業農家の拡大には至らなかった。

1964年には日本は[国際通貨基金]（IMF）8条国に移行し，また[経済協力開発機構]（OECD）に加盟し，資本の自由化が義務づけられるに至った。

[高度経済成長]は公害の深刻化をまねき，1960年代後半には四大公害訴訟が相次いで提起され，いずれも被害者側の勝訴に終わったが，この間政府は1967年には[公害対策基本法]を制定し，1971年には[環境庁]が発足した。

1971年アメリカ大統領ニクソンは，金・ドル交換の停止を発表し，ドル・ショックが世界を襲った。わが国を含む10カ国蔵相会議は円やマルクの切り上げによる通貨調整を図ったものの，結局為替相場は[変動相場制]に移行し，日本も1973年以降これに従うこととなった。

解答

1　経済安定九原則　　2　施政権　　3　日米安全保障条約
4　国際通貨基金　　5　神武景気　　6　第五福竜丸
7　鳩山一郎　　8　国際連合　　9　日韓基本条約
10　高度経済成長　　11　農業基本法　　12　経済協力開発機構
13　公害対策基本法　　14　環境庁　　15　変動相場制

最後の回はそれほど難しい漢字は出てきませんでした。好成績がとれたことと思います。

サンフランシスコ平和条約の後の沖縄について，アメリカの施政権。ちょっと忘れやすい言葉ですから，ここでちゃんと覚えましょう。日米安全保障条約の「保障」は「損害を補償する」の「補償」にならないように。

保障　補償

神武景気。いわゆる当時の好景気の呼び名で，神話に基づくものです。

第五福竜丸も，覚えてしまえば何でもない字です。

鳩山一郎で日ソ共同宣言。ソ連との国交が始まり国際連合加盟。国際連合で，国際連盟ではないですよ。

日韓基本条約や農業基本法は，年号をしっかり覚えなければいけません。

近年では国際機関はだいたいアルファベットで大丈夫ですが，念のためにOECDあたりは，日本語訳の経済協力開発機構まで確実に覚えておいてください。

公害問題とくれば環境庁。なんでもない字ですが，ちゃんと書けますか。ちなみに，2001年の中央省庁再編で現在は環境省です。

現在の為替相場は変動相場制です。

ここまで頑張ってくれば，だいぶ漢字でミスすることは少なくなってきたでしょうが，やはり1回では不安だという気がしてきた人は，本気でこの本に取り組んだと言えます。しばらくたったら，なるべく印象が残っているうちに，もう一度初めから書いて練習してみましょう。そうすると，今度は得点力がどうのと言うよりも，知識そのものが増えてきます。暗記も定着します。

論述問題での誤字について

　この問題集で，皆さんの誤字に対する注意力は十分高まったと確信しています。もちろん，ここでとりあげた語句以外でも注意を要する字はまだまだあるでしょう。そこで，今後の問題演習の際にも，解答例をよく見て，誤字による失点を減らすように努力してください。よくよく見ないと勘違いして，誤字を書いているのに自分では○としてしまうことがよくあります。

　さらに，論述問題でも誤字にはくれぐれも注意してください。

　論述問題でも誤字はもちろん極力避けねばなりません。採点の際に誤字があると，どうしても印象が悪くなりますし，何よりも採点がしにくいのです。たとえば，「乙巳の変」に触れなければならない問題で「乙己の変で……」と書かれた時に，その部分については点数を与えないことにするか，「誤字は１字につき－１点」あるいは「－２点」などと決めておかなければなりません。

　もっとやっかいなのは単なる誤字です。よくあるパターンとしては，「10世紀の朝庭では……」「朝庭は軍隊を送り……」。「朝廷」が「朝」の「庭」になっている。減点とするのか見過ごすのか，やっかいです。たとえ減点対象にならないとしても，このような誤字にはくれぐれも注意してください。

さくいん

空欄として扱ったものについて，問題文のページを記しています。**太字は同じ年に複数の大学で出題されているもの。**さらにそれが2年以上連続しているものは赤い太字で示しています。最後に，太字・青い太字をチェックしてから試験場に向かってください。がんばれ！

あ

- 会沢安　75
- 相対済し令　67
- 青木周蔵　91
- 赤松氏　42
- 赤松満祐　46
- 芥川竜之介　110
- 悪人正機　38
- **足利尊氏**　**42, 50**
- **足利直義**　**42**
- **足利義政**　**50**
- **足利義満**　**42, 50**
- 芦田均　119
- **飛鳥浄御原**　**15**
- 吾妻鏡　39
- 油座　47
- **安部磯雄**　**98**
- 阿倍仲麻呂　19
- 鮎川義介　111
- **新井白石**　**62, 66**
- 荒事　66
- 有馬晴信　54
- 安藤昌益　75

い

- 井伊直弼　78
- **意見封事十二箇条**　**27**
- **異国警固番役**　**35**
- **石舞台古墳**　**14**
- **石包丁**　**7**
- 石山本願寺　51, 54
- **石上宅嗣**　**23**
- **板垣退助**　**86**
- 市川団十郎　66
- 一期分　35
- **一条兼良**　**51**
- **厳島神社**　**31**
- **一向一揆**　**46, 51, 54**
- **一向宗**　**46**
- **一色氏**　**42**
- **乙巳の変**　**15**
- 一遍　38
- 伊藤仁斎　66
- **伊藤博文**　**87, 90, 94**
- 糸割符制度　58
- 稲村三伯　74
- 稲荷山古墳　10
- **犬養毅**　**102, 110**
- **犬上御田鍬**　**15**
- 井上馨　91
- **井上準之助**　**107, 111**
- 伊能忠敬　75
- 井原西鶴　66
- 今様　31
- **磐井**　**14**
- 岩宿遺跡　6
- 岩戸山古墳　14
- **磐舟柵**　**19**

う

- 植木枝盛　87
- 上杉治憲　70
- 上田秋成　74
- 歌川広重　75
- **内村鑑三**　**95**
- 駅家　19
- 運上　70
- 芸亭　23

え

- 栄華（花）物語　31
- 栄西　38
- 叡尊　38
- 永仁の徳政令　35
- 駅制　19
- **会合衆**　**51**
- **荏胡麻**　**35, 47**
- **衛士**　**18**
- 恵心僧都　27
- 江田船山古墳　10
- 江藤新平　87
- 榎本武揚　82, 91
- **恵美押勝**　**22**
- **撰銭**　**47**
- 円覚寺舎利殿　39
- 延喜の治　26
- 延久の荘園整理令　30
- 援蔣ルート　115
- 袁世凱　102
- 円本　110

お

- 応永の外寇　43
- 応永の乱　43
- 往生要集　27
- 王政復古の大号令　79, 82
- **応仁の乱**　**46**
- **大海人皇子**　**15**
- **大内義隆**　**51**
- **大江匡房**　**30**
- **大鏡**　**31**
- **大隈重信**　**87, 90, 94, 102**
- **大蔵永常**　**62**
- **大坂**　**55**
- **大阪会議**　**87**
- **大阪紡績会社**　**98**
- **大塩平八郎**　**71**
- **大隅国**　**19**
- 大田南畝　74
- 大槻玄沢　74
- 大友皇子　15
- 大伴家持　22
- **大友義鎮**　**54**
- **太安万侶**　**22**
- 大村純忠　54
- **大村益次郎**　**82**
- 大森貝塚　6
- **大輪田泊**　**31**
- 尾形乾山　66
- 緒方洪庵　75
- **尾形光琳**　**66**
- 荻生徂徠　66
- **荻原重秀**　**62**
- 尾崎行雄　94, 102
- **織田信長**　**54**
- 御伽草子　59
- 踊念仏　38
- **蔭位**　**18**

か

- 解体新書　74
- 開拓使　83
- 開拓使官有物払下げ事件　87
- 貝塚文化　6
- 海舶互市新例　62
- **懐風藻**　**22**
- 海保青陵　75
- **嘉吉の乱**　**46**
- **部曲**　**10**
- **学制**　**99**
- 学童疎開　115
- 学徒出陣　115
- **勘解由使**　**23**
- 囲米　70
- 借上　35
- **春日大社**　**30**
- 和宮　79
- 刀狩　54
- 荷田春満　74
- **片山潜**　**98**
- **片山哲**　**119**
- 花鳥余情　51
- 葛飾北斎　75
- **桂太郎**　**95, 102**
- **加藤高明**　**103**
- **加藤弘之**　**86**
- 過度経済力集中排除法　118
- 仮名草子　59
- **狩野永徳**　**55**
- 狩野探幽　58
- **狩野派**　**55**
- 樺山資紀　94
- **貨幣法**　**98**
- 長官　18
- **甕**　**6**
- 甕棺墓　7
- 賀茂真淵　74
- 樺太　78
- **樺太・千島交換条約**　**86**
- 刈敷　47
- 刈田狼藉　43
- 河上肇　110
- **為替**　**35**
- 河竹黙阿弥　75
- 川端康成　110
- **河村瑞賢**　**63**
- 観阿弥　50
- **冠位十二階**　**14**
- **閑院宮**　**62**
- 官営模範工場　83
- 勧学院　26
- **環境庁**　**123**

環濠集落 7	**く**	**こ**	御成敗式目 34
勘合符 43		恋川春町 70	五大改革指令 118
勘合貿易 43	空海 26	小石川養生所 67	**後醍醐天皇** 42
勘定奉行 55	空也 27	肥前 43	国会期成同盟 87
鑑真 23	公営田 26	広益国産考 62	国家総動員法 114
完新世 6	愚管抄 38	**公害対策基本法** 123	滑稽本 74
寛政異学の禁 70	**公事方御定書** 67	**江華島事件** 86	後藤象二郎 79
関税自主権 91	公事根源 51	硬玉 6	後鳥羽上皇 34, 38
寛政暦 75	倶舎宗 23	**高句麗** 11, 15	**近衛文麿** 114
官田 26	九条兼実 38	**孝謙天皇** 22	小林一茶 74
関東管領 42	**百済** 11, 15	光孝天皇 26	小林多喜二 110
関東御領 34	口分田 18, 22	甲午農民戦争 94	**五品江戸廻送令** 78
関東知行国 34	熊沢蕃山 59, 66	交詢社 87	**五榜の掲示** 82
関東庁 106	組頭 55	**工場法** 98	**後水尾天皇** 58
関東都督府 95	公文所 34	甲申事変 94	小村寿太郎 91
関東取締出役 71	鞍作鳥 14	更新世 6	**米騒動** 102
観応の擾乱 42	蔵物 63	荒神谷遺跡 7	**後陽成天皇** 54
漢委奴国王 10	蔵人頭 23, 26	**好太王碑文** 11	権現造 58
桓武天皇 23	郡区町村編制法 87	高地性集落 7	金地院崇伝 55
管理通貨制度 111	郡 18, 23	皇朝十二銭 19	健児 23
管領 42	群集墳 8	皇道派 114	墾田永年私財法 22
	群書類従 74	幸徳秋水 95, 98	
き	郡制 90	高度経済成長 122	**さ**
器械製糸 98	軍団 18, 23	弘仁格式 23	西園寺公望 102, 111
企画院 114	**軍部大臣現役武官制** 95, 102	高師直 42	西郷隆盛 86
飢饉 67, 70		公武合体運動 79	最澄 26
紀元節 86	**け**	興福寺 30	**斎藤実** 111
喜多川歌麿 75	経国集 26	**工部省** 83	在庁官人 27
木戸孝允 82	**経済安定九原則** 122	光武帝 10	堺利彦 95
木下順庵 59	**経済協力開発機構** 123	高弁 38	坂田藤十郎 66
吉備真備 22	傾斜生産方式 119	**高麗** 35, 43	嵯峨天皇 23, 26
黄表紙 70	経世論 75	五箇条の誓文 82	坂本竜馬 79
宮中・府中 90	**計帳** 15, 18	国衙 27	主典 18
己酉約条 58	慶長の役 54	国学 23	防人 18
旧里帰農令 70	下剋上 46	**国際通貨基金** 122	座繰製糸 98
教育基本法 119	華厳宗 23, 38	**国際連合** 122	佐竹義和 70
教育勅語 99	戯作文学 99	**国際連盟** 103, 111	殺害人 34
京極氏 42	解脱 38	**国司** 18, 23, 27	雑戸 19
協定関税制 78	検非違使 23	国性(姓)爺合戦 66	雑訴決断所 42
京都大番役の催促 34	**藝園塾** 66	**国体護持** 118	薩摩 58, 71
清浦奎吾 103	喧嘩両成敗法 51	**国体明徴声明** 111	佐藤信淵 75
記録荘園券契所 30	乾元大宝 19	国民皆兵 82	里長 18
義和団 95	元寇 51	**国民精神総動員運動** 114	侍所 34
金槐和歌集 38	源信 27	黒曜石 6	**三・一独立運動** 102
禁中並公家諸法度 58	遣隋使 14	**護憲三派** 103	讃・珍・済・興・武 11
金遣い 63	憲政党 94	五山十刹 50	三経義疏 14
銀遣い 63	顕如 54	**後三条天皇** 30	**参勤交代** 55
欽定憲法 90	玄昉 22	甑 6	三斎市 35
金本位制 98	憲法十七条 14	古事記 22	**三世一身法** 22
欽明天皇 11	倹約令 71	五色の賤 19	三代格式 23
金融恐慌 106	**硯友社** 99	後白河天皇 31	三都 55
金融緊急措置令 119	元老院 87	**後白河法皇** 30, 34	山東京伝 70
勤労動員 115		御親兵 82	三筆 26
			三浦の乱 43

三論宗　23

し

紫雲出山遺跡　7
紫衣　58
慈円　38
只管打坐　38
私擬憲法　87
信貴山縁起絵巻　31
式亭三馬　74
地下請　46
地下検断　46
自作農創設特別措置法　118
寺社奉行　55
閑谷学校　59
施政権　122
氏姓制度　10
使節遵行　43
自然真営道　75
士族授産　83
七分積金　70
十返舎一九　74
幣原喜重郎　107, 118
持統天皇　15
私徳政　46
寺内町　51
品部　19
斯波氏　42
四府駕輿丁座　47
渋川春海　66
渋沢栄一　98
島原の乱　58
持明院統　42
下肥　47
社会民主党　98
洒落本　70
集団疎開　115
自由党　90
周文　50
綜芸種智院　26
朱元璋　43
守護　34, 43
守護請　43
聚楽第　54
殉死　59
書院造　50
判官　18
蒋介石　106, 114
城下町　51
承久の乱　34
貞享暦　66
将軍継嗣問題　78
将軍後見職　79
貞慶　38

成功　27
彰考館　59
成実宗　23
小説神髄　99
正倉院　22
尚泰　86
樵談治要　51
正長の土一揆　46
上知令　71
昭電疑獄　119
尚巴志　43
承平・天慶の乱　30
障壁画　55
定免法　67
将門記　31
秤量貨幣　63
性霊集　26
生類憐みの令　62
昭和恐慌　107
殖産興業　83
蜀山人　74
庶子　35
所司　42
女子挺身隊　115
諸司田　26
如拙　50
職工事情　99
所務沙汰　35
白樺派　110
新羅　11, 15
白浪物　75
塵芥集　51
新貨条例　83
慎機論　71
親魏倭王　10
新興財閥　111
壬午事変　94
真言宗　26
震災恐慌　106
壬申の乱　15
寝殿造　50
神皇正統記　50
親藩　55
神本仏迹説　39
神武景気　122
親鸞　38

す

隋　14
出挙　18
推古天皇　14
枢密院　90, 106, 114
須恵器　11
陶晴賢　51
菅江真澄　74

菅江真澄遊覧記　74
菅原道真　26
杉田玄白　74
次官　18
調所広郷　71
鈴木貫太郎　115
鈴木春信　75
鈴木文治　103
鈴木牧之　74
崇徳上皇　31
角倉了以　63
受領　27

せ

世阿弥　50
征夷大将軍　23, 42, 55
政事総裁職　79
青鞜　99
聖明王　11
清和天皇　26
雪舟　50
世話物　66
善光寺　51
戦後恐慌　106
宣旨枡　30
禅宗様　39
専修念仏　38
撰銭　47
千利休　50
前方後円墳　10

そ

租　18
祖阿　43
宋　50
惣掟　51
宗祇　51
宗氏　58
宋書　11
惣村　46
曹洞宗　38
惣百姓一揆　67
惣無事令　54
草無灰　47
雑徭　18
惣領　35
副島種臣　87
蘇我馬子　14
続縄文文化　6
曽根崎心中　66
側用人　62, 70
尊王攘夷論　74

た

大院君　94
大覚寺統　42
大学別曹　26
大教宣布　86
太閤検地　54
大黒屋光太夫　70
醍醐天皇　26
第五福竜丸　122
大成会　91
大政翼賛会　115
大戦景気　106
大日本沿岸輿地全図　75
代表越訴型一揆　67
大宝律令　18
大犯三カ条　34
題目　38
大冶　98
平清盛　31, 34
平忠常　30
平将門　30
大連　95
台湾銀行　106
台湾出兵　86
高田屋嘉兵衛　71
高杯　6
高野長英　71
高野房太郎　98
高橋是清　103, 111
高松塚古墳　15
高向玄理　14
高山右近　58
滝沢馬琴　74
武野紹鷗　51
太宰春台　75
大宰権帥　30
大宰府　15, 26
打製石器　6
橘逸勢　26
橘諸兄　22
竪穴式石室　10
竪穴住居　6
伊達政宗　58
田堵　27
田荘　10
田中義一　106
田中勝介　58
田中正造　99
谷崎潤一郎　110
田沼意次　70
為永春水　74
樽廻船　63
俵屋宗達　59

段祺瑞　102
団琢磨　111
耽美派　110

ち

笞・杖・徒・流・死　18
治安維持法　103, 106
治安警察法　95, 98
近松門左衛門　66
蓄銭叙位令　19
地租　94
地租改正条例　83
秩父事件　90
秩禄処分　83
中央公論　110
調　18
重源　39
長講堂領　30
張作霖　106
鳥獣戯画　31
朝鮮式山城　15
朝鮮通信使　62
重任　27
勅旨田　26
頂相　39

つ

津田左右吉　110
蔦屋重三郎　70
壺　6
坪内逍遙　99
鶴屋南北　75

て

適塾　75
寺内正毅　102
寺島宗則　91
天正遣欧使節　54
天津条約　94
天台宗　26
天長節　86
天皇機関説　103, 111
天皇大権　90
天暦の治　26
天竜寺船　50

と

刀伊の入寇　30
東亜新秩序　114
銅戈　7
東求堂同仁斎　50
道元　38
東洲斎写楽　75
東条英機　115

統帥権　90
統帥権干犯　107
統制派　114
銅鐸　7
銅矛　7
土岐康行　42
土偶　6
徳川家斉　71
徳川家茂　78
徳川家康　55, 58
徳川綱吉　62
徳川秀忠　55, 58
徳川光圀　59
徳川慶福　78
徳川慶喜　78, 82
徳川吉宗　67
読史余論　66
徳政　46
得宗　35
十組問屋　63
外様　55
舎人親王　22
鳥羽法皇　30
豊臣秀吉　54
止利仏師　14
屯田兵　83

な

内地雑居　91
内務省　83, 95
永井荷風　110
中江藤樹　66
中岡慎太郎　79
長屋王　22
名主　55
那覇　43
鍋島直正　71
納屋物　63
鳴滝塾　75
南海路　63
(東大寺)南大門　39
南蛮　54
南鐐弐朱銀　70

に

西周　86
錦絵　75
西田幾多郎　110
西原借款　100
二十四組問屋　63
二条河原の落書　42
二条良基　51
似絵　39
日英通商航海条約　91
日英同盟　95, 102

日米安全保障条約　122
日米修好通商条約　78
日米和親条約　78
日蓮　38
日露和親条約　78, 86
日韓基本条約　122
日清修好条規　86
日宋貿易　31
日朝修好条規　86, 94
日本永代蔵　66
日本社会党　119
日本自由党　119
日本書紀　11, 22
日本窒素肥料会社　111
日本郵船会社　98
日本労働組合総同盟　118
日本労働総同盟　103
忍性　38
人情本　74
人足寄場　70
寧波の乱　43

ぬ

淳足柵　19
奴婢　19

ね

年行司　51

の

農業基本法　122
農具便利論　62
農山漁村経済更生運動　107
野口遵　111
野口英世　110
野々村仁清　66

は

俳諧連歌　51
梅松論　50
裴世清　14
廃藩置県　82
廃仏毀釈　86
白村江　15
箱館　78
箱館五稜郭　82
土師器　11
箸墓古墳　30
支倉常長　58
畠山氏　42, 46

八条院領　30
抜歯　6
鳩山一郎　119, 122
花畠教場　59
塙保己一　74
埴輪　10
浜口雄幸　107
林信篤　62
林鳳岡　62
蛮社の獄　71
半済令　43
版籍奉還　82
伴大納言絵巻　31
班田収授法　15

ひ

稗田阿礼　22
菱垣廻船　63
引付衆　35
人掃令　54
卑弥呼　10
百姓代　55
評定衆　34
平田篤胤　74
広田弘毅　114
琵琶法師　39

ふ

葺石　10
福沢諭吉　86
武家諸法度　55, 62
府県制　90
不在地主　118
藤田幽谷　75
藤原兼実　38
藤原清河　19
藤原清衡　30
藤原純友　30
藤原仲麻呂　22
藤原秀郷　30
藤原秀衡　30
藤原広嗣　22
藤原不比等　18, 22
藤原道長　27
藤原元命　27
藤原基衡　30
藤原頼道　27
扶清滅洋　95
普選　106
不戦条約　106
譜代　55
二葉亭四迷　99
普通選挙法　103
復興金融金庫　119
復古神道　74

古河市兵衛　99
文華秀麗集　26
墳丘墓　7
分国法　51
文武忠孝　62
文禄の役　54

へ

平家納経　31
平家物語　39
北京議定書　95
変動相場制　123

ほ

(平等院)鳳凰堂　27
方形周溝墓　7
澎湖諸島　94
奉書船　58
紡績業　98
宝治合戦　35
奉天　106, 110
法然　38
法隆寺　14
防塁　35
北越雪譜　74
北清事変　95
北伐　106
穂首刈り　7
北部仏印進駐　115
法華経　14
保科正之　59
戊戌夢物語　71
戊申詔書　95
戊辰戦争　82
細川勝元　46
細川氏　42, 46
細川重賢　70
法華一揆　51
法相宗　23, 38
堀田正睦　78
穂積八束　90
本阿弥光悦　59
本多光太郎　110
本両替　63

ま

前田綱紀　59
前野良沢　74
増鏡　50
磨製石器　6
町奉行　55
松岡洋右　111, 115
松尾芭蕉　66
松方財政　90
松方正義　90

末期養子　59
松平容保　79
松平定信　70
松平慶永　79
末法　27, 38
間部詮房　62
繭価　107
曼荼羅　26
満鉄　106

み

水城　15
水野忠邦　71
見世棚　35
三蔵　14
港川　6
港町　51
南満州鉄道株式会社　95
源実朝　34, 38
源頼朝　34, 38
源頼信　30
美濃部達吉　103, 111
屯倉　10
宮崎安貞　62
宮崎友禅　66
明恵　38
冥加　70
名田　27
三善清行　27
旻　14
民撰議院設立建白書　87
明兆　50
民法典論争　90
民本主義　103

む

武蔵　39
夢窓疎石　50
陸奥宗光　91
陸奥話記　31
無二念打払令　71
宗尊親王　35
謀反人　34
村田珠光　50
村田清風　71

め

明徳の乱　43
目安箱　67

も

毛利元就　51

持株会社整理委員会　118
以仁王　34
本居宣長　74
物部守屋　14
森有礼　86, 99
門前町　51
問注所　34

や

薬師三尊像　15
薬師寺　15
安井算哲　66
矢内原忠雄　114
柳田国男　110
八幡製鉄所　98
山鹿素行　66
山県有朋　82, 90, 95
山崎闇斎　59
山城の国一揆　46
邪馬台国　10
山名氏清　42
山名氏　42
山名宗全　46
山名持豊　46
山上憶良　22
山内豊信　79
山本権兵衛　102

ゆ

友愛会　103
輸租田　20

よ

庸　18
煬帝　14
遙任　27
養老律令　18
横穴式石室　10
横浜正金銀行　98
横山源之助　99
与謝野晶子　95
与謝蕪村　74
吉田茂　119
吉野ヶ里遺跡　7
吉野作造　103

ら

楽浪郡　11
蘭学　74
蘭学階梯　74

り

李鴻章　94
李成桂　43

立憲改進党　90
立憲自由党　91
立憲政体樹立の詔　87
立憲政友会　95, 102, 106, 110
律宗　23, 38
立正安国論　38
琉球　43, 58, 86
柳条湖事件　110
両・分・朱　63
凌雲集　26
令外官　23
領事裁判権　78, 91
梁塵秘抄　31
遼東半島　94, 107
旅順　95
臨済宗　38

る

類聚神祇本源　39

れ

黎明会　103
連合国軍最高司令官総司令部　118
連雀　47
連署　34
蓮如　46

ろ

炉　6
老中　55
労働基準法　118
六斎市　47
六波羅探題　34, 42
盧溝橋　114

わ

隈板内閣　94
若槻礼次郎　106, 110
若年寄　55
倭館　58
倭寇　43
和事　66
綿座　47
渡辺崋山　71
度会家行　39
和同開珎　19
侘び茶　50

著者紹介

石川　晶康（いしかわ・あきやす）
河合塾講師

せっかく日本史を勉強するのだからと，キビシイけれどおもしろい，聞いて飽きない授業を展開。各種メディアを通じて全国的に活躍中。
著書に『マーク式基礎問題集㉘日本史B［正誤問題］四訂版』（河合出版）『"考える"日本史論述　改訂版』『早稲田大日本史』『慶應大日本史』（以上共著・河合出版）
『石川日本史B講義の実況中継』（語学春秋社），『結論！日本史1，2』（学習研究社）『教科書よりやさしい日本史』（旺文社）など多数。

河合塾 SERIES

得点
おまかせ
vol. 1

河合塾講師 石川晶康 =著

誤字で泣かない日本史

日本史漢字練習帳
—改訂版—

解答用紙

河合出版

解答用紙

第1回

1	2	3
4	5	6
7	8	9
10	11	12
13	14	15
16	17	18
19	20	21
22	23	24
25	26	27
28	29	30
31	32	

第2回

1	2	3
4	5	6
7	8	9
10	11	12
13	14	15
16	17	18
19	20	21
22	23	24
25	26	27
28	29	30

第3回

1	2	3
4	5	6
7	8	9
10	11	12
13	14	15
16	17	18
19	20	21
22	23	24
25	26	27
28	29	30
31	32	33
34	35	36
37	38	39

第4回

1	2	3
4	5	6
7	8	9
10	11	12
13	14	15
16	17	18
19	20	21
22	23	24
25	26	27
28	29	30

31	32	33
34	35	36
37		

第5回

1	2	3
4	5	6
7	8	9
10	11	12
13	14	15
16	17	18
19	20	21
22	23	24
25	26	27
28	29	30
31	32	33
34	35	36
37	38	39
40	41	42
43	44	45

第6回

1	2	3
4	5	6
7	8	9
10	11	12
13	14	15

16	17	18
19	20	21
22	23	24
25	26	27
28	29	30
31	32	33
34	35	36
37	38	39
40	41	42
43	44	45
46	47	

第7回

1	2	3
4	5	6
7	8	9
10	11	12
13	14	15
16	17	18
19	20	21
22	23	24
25	26	27
28	29	30
31	32	33
34	35	36
37	38	

第8回

1	2	3
4	5	6
7	8	9
10	11	12
13	14	15
16	17	18
19	20	21
22	23	24
25	26	27
28	29	30
31	32	33
34	35	36
37	38	39

第9回

1	2	3
4	5	6
7	8	9
10	11	12
13	14	15
16	17	18
19	20	21
22	23	24
25	26	27
28	29	30

31	32	33
34	35	36
37	38	39
40	41	42
43	44	45

第10回

1	2	3
4	5	6
7	8	9
10	11	12
13	14	15
16	17	18
19	20	21
22	23	24
25	26	27
28	29	30
31	32	33
34	35	36
37	38	39
40	41	42
43	44	45

第11回

1	2	3
4	5	6
7	8	9

10	11	12
13	14	15
16	17	18
19	20	21
22	23	24
25	26	27
28	29	30

第12回

1	2	3
4	5	6
7	8	9
10	11	12
13	14	15
16	17	18
19	20	21
22	23	24
25	26	27
28	29	30
31	32	33
34	35	36
37	38	39
40	41	42
43	44	45
46		

第13回

1	2	3
4	5	6
7	8	9
10	11	12
13	14	15
16	17	18
19	20	21
22	23	24
25	26	27
28	29	30
31	32	33
34	35	36
37	38	39
40		

第14回

1	2	3
4	5	6
7	8	9
10	11	12
13	14	15
16	17	18
19	20	21
22	23	24
25	26	27

28	29	30
31	32	33
34		

第15回

1	2	3
4	5	6
7	8	9
10	11	12
13	14	15
16	17	18
19	20	21
22	23	24
25	26	27
28	29	30
31		

第16回

1	2	3
4	5	6
7	8	9
10	11	12
13	14	15
16	17	18
19	20	21
22	23	24
25	26	27

28	29	30
31	32	33
34	35	

第17回

1	2	3
4	5	6
7	8	9
10	11	12
13	14	15
16	17	18
19	20	21
22	23	24
25	26	27
28	29	30
31	32	33
34	35	36
37	38	

第18回

1	2	3
4	5	6
7	8	9
10	11	12
13	14	15
16	17	18
19	20	21

22	23	24
25	26	27
28	29	30
31	32	
33		34
35	36	37
38	39	40
41	42	43
44	45	46
47	48	49
50	51	52
53		

第19回

1	2	3
4	5	6
7	8	9
10	11	12
13	14	15
16	17	18
19	20	21
22	23	24
25		

第20回

1	2	3
4	5	6

7	8	9
10	11	12
13	14	15
16	17	18
19	20	21
22	23	24

第21回

1	2	3
4	5	6
7	8	9
10	11	12
13	14	15
16	17	18
19	20	
21		22
23	24	25
26	27	
28		29
30	31	32

第22回

1	2	3
4	5	6
7	8	9
10	11	12

13	14	15
16	17	18
19	20	21
22	23	24
25	26	27
28	29	30

第23回

1	2	3
4	5	6
7	8	9
10	11	12
13	14	15
16	17	
18		19
20	21	22
23	24	25
26	27	28
29	30	31
32	33	
34	35	36

第24回

1	2	3
4	5	6
7	8	9
10	11	12

13	14	15
16	17	18
19	20	21
22	23	24
25	26	27
28	29	30
31		

第25回

1	2	3
4	5	6
7		8
9	10	11
12	13	14
15	16	17
18	19	20
21	22	23
24	25	26
27	28	29
30		

第26回

1	2	3
4	5	6
7	8	9
10	11	12
13	14	15

16	17	18	
19	20	21	
22	23		
24		25	
26			

第27回

1	2	3
4	5	6
7	8	9
10	11	12
13	14	15
16	17	18
19	20	21
22	23	24
25	26	27
28	29	30
31	32	33
34	35	

第28回

1	2	3
4	5	6
7	8	
9	10	11
12	13	14
15	16	17

18	19	20
21	22	23

第29回

1		2	
3	4		
5			
6			
7		8	
9	10		
11	12	13	
14	15	16	
17	18	19	
20	21		

第30回

1	2	3
4	5	6
7	8	9
10	11	12
13	14	15